KB006435

선생이 부서져간다

Originally published in Japan in 2003 by KOUBUNDOU Publishers Inc.Japan
First original Korean edition published by GEULNURIM Publishing Co.
Korean translation rights arranged with KOUBUNDOU Publishers Inc.Japan
through CREEK&RIVER Co., Ltd. and Eric Yang Agency, Inc.

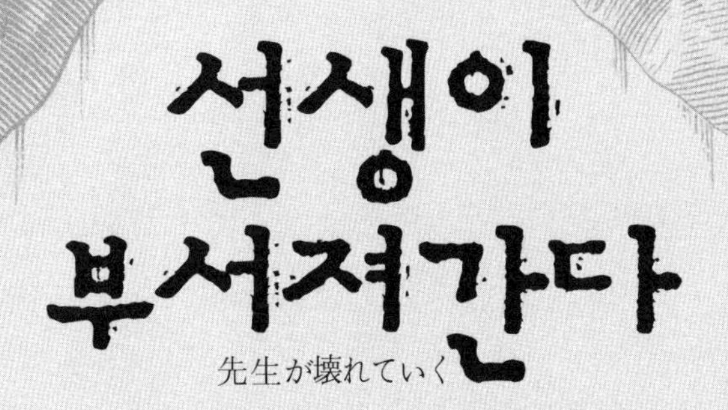

정신과 의사가 본 교육의 위기

나카지마 가즈노리 지음
신현정 옮김

지금, 교사에게 무슨 일이 일어나고 있는가?

교사의 가장 큰 스트레스는 인간관계

최근 '교사의 마음건강'이라는 단어가 신문과 잡지에서 자주 언급되고 있습니다. 격무에 시달려 심신이 지치고, 경우에 따라서는 업무에 지장을 초래할 정도로 '마음의 병'을 앓고 있는 교사들이 증가하고 있다는 반증이겠지요.

제가 근무하고 있는 산라쿠병원(三樂病院)은 도쿄도(東京都) 교직원공제회(教職員互助会)에서 운영하는 도쿄도 공립학교의 교원전문(職域)병원입니다. 교직원을 위한 전문병원으로 타 지역에서 진료를 받기 위해 오는 교사들도 적지 않기 때문에 전국에서 가장 많은 교사가 내원하는 의료기관이라고 할 수 있지요.

저희 병원 신경정신과에서 외래 치료를 받는 교사의 수는 1998년부터 급증하기 시작했습니다.

진료를 받은 교사 수의 추이를 보면, 1980년대 초, 특히 1983년경에 연간 100명에서 150명으로 증가했습니다. 그리고 1980년대 말부터 약간의 증가세를 보여 1997년경까지는 연간 170명에서 200명 정도였습니다. 그러나 1998년이 되자 250명을 넘어섰고, 그 후에도 증가세는 계속되어 2004년에는 400명에 달했지요. 20여 년 동안 약 3배, 최근 10년간만 보더라도 2배 증가한 셈입니다.

진료자 수 추이의 배경을 살펴보면 1983년은 학교 폭력, 그중에서도 교사에 대한 폭력이 최고조에 이르렀던 시기입니다. 교사들의 고민이 매스컴에서도 꽤 이슈가 되던 시기였고, 이 시기에 치료를 받거나 휴직을 한 교사가 증가했지요. 그 이후에도 진료를 받는 사람은 계속해서 조금씩 증가했고, 그 수가 갑자기 증가한 1998년은 구로이소시(黑磯市)의 중학교에서 남학생이 여교사를 살해한 사건[01]이 일어난 해이기도 합니다. 그 후에도 주머니칼을 이용한 살인사건이나 고베시(神戶市) 아동 살인사건[02]이 연달아 일어나, 아동 범죄가 언론에서 클로즈업되었지요. 기존의 '문제 학생'뿐만 아니라, 평상시에는 얌전했던 아이가 갑자기 돌변해 폭력행위를 저지르기도 하는 등, 학교 교사들에게 있어 학생들의 '마음 문제'[03]는 더더욱 어려운 과제가 되었습

---

01 1998년 일본 도치기현 구로이소시의 한 중학교에서 수업에 지각한 1학년 남학생이 교사에게 야단을 맞았다는 이유로 수업이 끝난 후 주머니칼을 휘둘러 교사를 살해했다. 가해학생이 쓴 흉기는 당시 한 드라마에서 주인공이 들고 다녀서 유행하던 주머니칼로, 해당 제품이 인기를 끌며 범죄에 사용되는 일이 늘어나자 도쿄 경시청이 해당 주머니칼의 유통을 금지시키기도 했다.

02 공식명칭은 고베 아동 연쇄살인사건. 1997년 당시 14세 남학생이 초등학교 6학년 학생을 1명 살해하고 2명을 망치로 때려 상해를 입혔다. 그 외에도 인근 초등학교 4학년 학생을 망치로 때려 사망에 이르게 하고, 또 다른 3학년 학생에게는 주머니칼로 상처를 입혔다. 미성년자인 가해자가 자신보다 약한 존재를 대상으로 잔혹한 범죄를 저지른 이 사건으로 인해 당시 일본의 교육제도와 문제점 등이 사회적으로 주목을 받았다.

03 옮긴이 강조.

니다.

진료 받는 교사의 수가 증가한 상황에는 정신과에 대한 편견이 조금씩 사라지고, 전문병원에서 쉽게 진료 받을 수 있게 된 영향도 있을 듯합니다. 그러나 본질적인 원인은 예전과 비교할 수 없을 정도로 복잡한 문제가 산적해 있어, 눈코 뜰 새 없이 바쁜 학교현장, 즉 교사의 직장 환경에 있는 것 같습니다.

수많은 조사 보고서에서 공립학교 교사의 업무 관련 스트레스 지수는 매우 높게 나타나고 있습니다. 교사의 높은 스트레스 지수가 여러 가지 '마음의 병'이나 직무상의 부적응 상태로 발현되는 것 같습니다.

산라쿠병원 신경정신과에서 외래진료를 받는 사람들의 총계를 보면, 치료를 받은 10명 중 7명, 즉 70%가 울화상태라는 진단을 받았습니다. 이 70% 중 20%가 협의적 의미의 심각한 우울증이고, 나머지 50%는 주로 직장 내 불쾌한 사건으로 스트레스를 받아 생긴 '반응성 우울증'입니다. '반응성 우울증'은 정신의학용어로 말하자면, '적응장애'입니다. 즉, 진료를 받은 사람 두 명 중 한 명이 적응장애에서 오는 스트레스로 인한 '반응성 우울증'인 셈입니다.

이러한 수치는 일반 근로자의 경우와 비교해보면 매우 높은 수치이며, 교사의 업무 관련 스트레스 지수가 높다는 사실을 나타내는 단적인 예라고 할 수 있겠지요.

단, 여기서 주목해야 할 점은 진료를 받는 교사의 수가 증가했다고 해서 중증 환자가 늘었다는 것은 아니라는 사실입니다.

학교현장에서 생긴 고민을 안고 진료를 받으러 오는 교사 중에는 의사와 잠시 대화를 나누는 것만으로도 호전되어 돌아가는 가벼운 증상인 경우도 많습니다. 따라서 정신과 진료는 고사하고 휴가조차 받기도 어려워 극도의 피로감을 느끼는 교사가 매우 많이 존재할 것이라는 사실은 어렵지 않게 상상할 수 있습니다. 실제로, 저희 병원에서 실시한 다른 조사에서는 현직 교사의 20~30%가 병원 치료를 요하는 가벼운 우울증이라는 것이 밝혀졌습니다. 각 지자체의 교육행정기관에서는 건강상담창구를 정비하는 등, 정신건강에 대한 다양한 대책을 마련하고 있지만 아직까지 큰 실효성은 없다고 할 수 있겠습니다.

수면 밑으로 감추어져 있는 '예비 우울증' 교사

최근, 사회적으로도 '직장 내 정신건강'의 중요성이 날로 확대되고 있습니다. 우울증이나 과로로 장년층의 자살이 빈번하게 일어나는 요즘, 사내에 건강상담실을 설치하여, 신체적 건강뿐만 아니라 정신건강에 대해서도 상담을 해주는 대기업이 늘고 있지요.

앞서 언급한 바와 같이 다른 직업군과 비교했을 때 교사의 스트레스 지수는 평균치보다 높은 편입니다. 그럼에도 불구하고 앞으로도 학교현장 상황은 한층 힘겨워질 것으로 예상됩니다. 따라서 교사의 정신건강을 위한 대책 마련의 필요성은 더더욱 커지고 있습니다.

한편, 산라쿠병원에서는 도쿄도교육청의 위탁을 받아 1997년부터 도내 공립학교의 교직원을 대상으로 하는 '정신건강상담' 창구를 개설하였습니다. 병원에서 진료를 받는 것과는 별개로, 정신적·심리적 어려움에 대한 상담을 주로 해주고 있는데, 이곳을 찾는 상담자는 매년 증가하고 있는 추세입니다.

이 창구를 방문하는 교사들의 상담내용을 살펴보면 오늘날 우리의 공교육이 직면한 복잡한 문제들이 그대로 반영되어 있는 것 같습니다.

예를 들어, 최근 아이들이 느끼는 '마음의 문제' 만 보더라도 예전과는 상당히 다른 양상을 보이고 있습니다. 교사는 집단따돌림이나 등교거부, 폭력행위, 교실붕괴뿐만 아니라 ADHD(주의력결핍 과잉행동장애) 등의 장애가 있는 아이들에 대해, 교육과는 별개의 관점에서 대응할 필요성이 있기 때문입니다. 상담창구에서는 이처럼 복잡다단한 아이들의 문제에 대응하느라 자신을 상실한 채 피폐해져 가는 교사들의 목소리를 자주 들을 수 있습니다.

게다가 이전과 비교해서 학부모의 요구가 '비대화'된 것도, 교사에게 있어서는 새로운 스트레스 요인이 되고 있습니다. 오늘날의 학부모들은 권리의식이 매우 강해져서, 학교교육에 요구하는 사항들도 매우 다양합니다. 한 학생이 문제행동을 하거나 학급운영에 지장을 주면, 그 학급의 학부모들은 곧바로 학교의 관리직이나 교육위원회에 항의를 하지요. 이제 학부모회에서 교사를 비판하는 일은 거의 일상이 되었고, 이로 인한 학부모와의 알력다툼에 고민하는 교사도 적지 않습니다.

게다가, 교사에게 좋건 나쁘건 가장 큰 스트레스 요인은 바로 근무지 이동입니다. 학교는 대체로 위치한 지역에 따라 일정한 격차가 발생하기 마련입니다. 그러므로 지금까지 좋은 성과를 내던 교사의 교육 방침이 전근한 학교에서는 하루아침에 무용지물이 되는 경우가 생기기도 하지요. 특히, 문제 학생이 별로 없는 학교에서 문제 학생이 많은 학교로 전근을 간 경우, 학생지도에 상당한 어려움을 겪는다는 이야기를 많이 듣곤 합니다. 또한 새로운 환경에 제대로 적응하지 못한 상태에서,

동료와의 관계조차 삐걱거리게 되면 도움을 청할 상대조차 없기 때문에 학교 안에서 고립무원의 상태가 되어버리기도 합니다.

앞서 기술한 교사를 둘러싼 직무환경 외에도, 학교현장은 보다 본질적인 교육 문제를 안고 있습니다. 문부과학성[04]은 교육 개혁을 제창하고 '유토리교육[05]'을 한층 발전시킨 신(新)학습지도요령이나 '살아가는 힘의 육성'을 위한 종합학습, 지역사회에 열린 학교운영의 특성화를 추진하는 등, 학교현장에 새로운 구조개혁을 요구하고 있습니다. 더욱이 학력 저하를 우려하는 사회적 비판을 수용하여, 이번 개혁에서는 '확실한 학력 향상'을 기조로 내걸었지요. 각각의 시책은 현상에 대한 대응책이라는 관점에서 보면 매우 시의적절한 것일 수도 있습니다. 그러나 현실에서는 교육행정과 학교현장의 입장이나 방법론적 차이가 만들어내는 엇박자가 생기게 마련이지요. 그럼에도 불구하고 이를 실천해야 하는 현장 교사들의 고충은 두말할 필요가 없을 것입니다.

그래서 이 책에서는 교원전문병원의 임상의로써 경험한 공교육의

---

04 한국의 교육부 및 미래창조과학부에 해당하는 업무를 맡는 일본의 정부 기관.

05 일본 역시 한국과 비슷하게 치열한 입시경쟁 및 주입식 교육에 대한 문제점이 지적되어 왔으며 이에 대한 반성으로 2002년부터 유토리(여유)교육을 실시하였다. 이를 위해 초등학교 및 중학교의 수업내용을 30%, 전체 수업시간을 10% 줄이는 등 과도한 주입식 교육을 지양하고 창의력 신장과 자율성 존중을 표방하였다. 또한 사고력과 표현력, 인성교육을 목표로 삼았으나 수업시간 및 학습량의 감소, 기초학력의 저하, 학생의 자율성 강조로 교사의 적극적인 학생지도가 불가능해진 점 등 여러 문제가 제기되면서 일본은 2007년 유토리교육의 실패를 인정하고 다시 학력강화교육으로 선회하였다.

병리와 그 요인을 교사의 정신건강이란 관점에서 논의해보고자 합니다. 제1부 '부서져가는 교사의 실상'에서는 현재 학교현장의 실태를 밝히고, 제2부 '학교의 정신건강을 위한 대처'에서는 그 문제점과 대응책을 고찰하고, 제3부 '현대사회의 병리와 인간심리'에서는 공교육을 둘러싼 문제를 현대사회의 병리라는 관점에서 논하려 합니다.

'부서져가는 교사의 실상'에서 거론되는 사례를 살펴보면 대부분의 교사들이 적절한 치료를 통해 각자 새로운 길을 걷고 있습니다. 그러나 수면 아래에서는 정신과 방문은 생각지도 못하고, 해결의 실마리조차 찾지 못한 채 고민하는 교사가 많이 있습니다. 각각의 교사 여러분들께서는 '내게도 얼마든지 이런 일이 생길 수 있다'는 경각심을 갖고, 진정한 의미에서의 '마음건강'을 지키는 데 주력해주시기를 간절히 기원합니다.

그리고 교육관계자들뿐만 아니라, 미래 사회를 짊어질 아이들을 육성해야 할 학교의 현실에 대해 모쪼록 한 분이라도 더 많은 분들이 관심을 기울임과 동시에 이 어려운 문제에 대해 함께 고민해주시기를 바랍니다.

주 이 책에 제시된 사례는 의학적 의미의 픽션은 아니지만, 현실의 특정한 개인을 지칭하지 않음을 밝혀 둡니다.

차례

프롤로그 / 05

PART 1 부서져가는 교사의 실상

새 학교가 적응이 안돼요 : 환경이 바뀐 M교사 / 19

교사의 '탈진증후군'이 증가하고 있다 / 새 학교에서 나홀로 고군분투 /
일방적인 불만과 비판을 쏟아내는 학부모와 교장 /
이상과 현실 사이의 간극을 어떻게 줄일 것인가

일이 너무 많아요 : 과도한 업무로 우울증에 걸린 F교사 / 30

바쁜 교사를 둘러싼 스트레스 상황이란? / 중증장애아 담임이 되어 홀로 일을 떠안다 /
성실한 교사가 마음을 다쳤다면 격려보다는 업무 감량을

조금만 더 신경 썼더라면… :
학생의 자살기도로 사면초가에 놓인 S교사 / 38

교사의 스트레스를 유발하는 복합적 요인 /
학생지도, 교과지도에 동아리지도까지 담당하는 일상 /
학생의 자살시도가 초래한 '마음의 병'

동료도 내 편도 없어요 : 인간관계에 지친 A양호교사 / 46

학교조직 측면에서 본 양호교사의 복잡한 입장 /
등교거부학생을 둘러싼 담임교사와의 대립 / 힘이 되어준 다른 학교의 양호교사들

힘들어서 못 다니겠어요 : 걸핏하면 결근하는 Y교사 / 55

젊은 교사에게 많이 나타나는 출근거부증후군 /
갈수록 상대하기 버거워지는 학부모들 / 어중간한 중도복귀보다 적절한 출근훈련을

학부모회가 무서워요 : 출근이 두려운 E교사 / 64
부적응 상태에 빠진 젊은 교사를 이해하고 지원하자 / 학부모회가 교사비판의 장으로 / 자신감 회복을 위한 직장복귀훈련

내가 어때서? : 자기중심적 성격으로 결근을 반복하는 H교사 / 72
교직생활이 적성에 맞지 않는 교사 / 학생은 나몰라라 수업만 하는 교사 / 자신이 피해자라고 호소하는 교사

샌드위치증후군을 아시나요? : 교장과 교사 사이에 낀 O교감 / 80
샌드위치가 된 교감의 고충 / 교육방침과 학교운영을 둘러싼 관리직과 교사 간의 대립 / 관리직에게는 외부 조력자가 필요하다

내 편이 없어요 : 문제교사 때문에 녹초가 된 I교장 / 88
교사의 마음건강까지 살펴야 하는 관리직 / 주민들의 감시를 받는 시골학교의 교장 / 교장과 교감은 교사 건강의 파수꾼

PART 2 학교의 정신건강을 위한 대처방안

교사의 정신건강을 위한 핵심요소 / 101
양면성을 가진 교사의 정신건강 / 교내외의 지원체제를 조직하라 /
교사를 위한 스트레스 관리법

'마음이 아픈 교사가 늘어나고 있는' 현상의 본질 / 111
통계상의 수치는 빙산의 일각에 불과하다 /
마음이 아프다는 것은 질병인가 부적응인가 / 학교현장을 모르는 의료관계자의 문제

교사의 '탈진증후군'을 예방하기 위해 / 120
주변과의 인간관계가 마음건강을 좌우한다 / 좌절하지 않기 위한 마음가짐 /
'교실왕국'을 탈피하자

'출근거부증후군'에 걸린 교사에 대처하는 방법 / 126
출근과 결근을 반복하는 교사의 마음 문제 / 직장복귀훈련의 의의와 중요성 /
복직을 위한 조건

자질이 부족한 교사에 대처하는 방법 / 133
'마음의 병'과 지도력 간의 관련성 / 적절한 학생지도가 불가능한 K교사의 사례 /
지도력부족교원을 평가하는 것은 필요악인가 / 평가제도의 적절한 운용을 위하여

곤란한 입장에 놓인 학교의 관리직 / 142
관리직 부적응은 무엇이 문제인가 / 적절한 대응이 불가능한 D교감의 사례 /
교사의 마음을 병들게 하는 교육개혁 / 교장들이 느끼는 인사고과평가의 고충

학교 정신건강을 관리하게 될 양호교사 / 152
양호실은 학교 정신건강관리의 1차 기관 / 적절하게 대응한 R양호교사의 사례 /
양호교사는 교사들의 성격이나 상황을 파악해둔다 /
고민하는 교사를 도와줄 때는 한계선을 그어둔다

아이들의 정신건강 — '마음교육'의 어려움 / 163
교사와 학생의 심리적 상호 작용 / 학생의 문제행동과 개성편중의 폐해

교사를 보는 눈이 변했다 — 사라져버린 '스승의 은혜' / 169
교사를 향한 존경이 사라졌다 /
학교교육의 장래는 가정이나 지역사회와의 연대에 달려있다

PART 3 현대사회의 병리와 인간심리

고도정보화사회의 병리 — 진보강박증후군 / 179

현대사회의 시간은 광속으로 흐른다 / 진보강박증후군이란? /
IT도입보다 기초학력의 습득이 우선 / 학교교육이 진보강박증후군에서 벗어나려면

희생양 심리의 메커니즘 / 194

희생양 심리는 인간의 본성 / 약자를 옹호하는 겉모습과 약자를 배제하는 본심 /
고도정보화사회의 매스미디어에 의한 심리조작 / 희생양 심리를 가르치자

'마음의 시대'에 보이지 않는 이면 / 207

정신과 진료에 대한 편견과 거부 / 접촉체험이 쌓이면 차별은 시정될까 /
'결근중독증'이라는 함정 / 의사에게도 책임이 있다

에필로그 / 219

후기 / 227

역자 후기 / 229

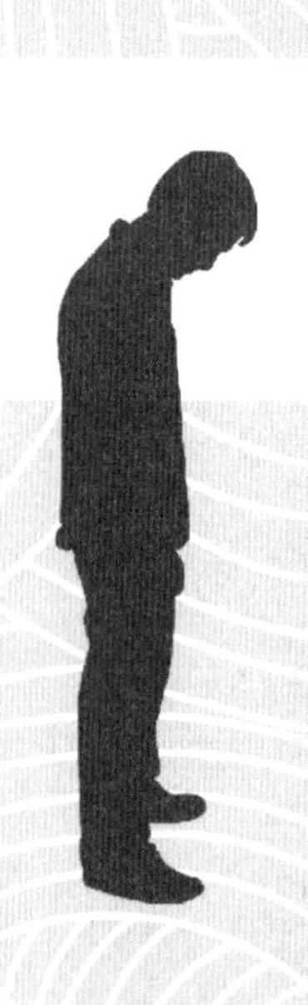

일러두기

• 본문의 주석은 내용의 이해를 돕기 위해 모두 옮긴이가 작성한 것이다.

PART 1

부서져가는 교사의 실상

새 학교가 적응이 안돼요 :
환경이 바뀐 M교사

교사의 '탈진증후군'이 증가하고 있다

최근, 신경정신과나 심리치료센터를 방문하는 교사가 늘고 있습니다. 또한, '마음의 병'으로 휴직하는 교사의 수 역시 매년 증가하고 있지요.

가장 큰 원인으로 가슴이 답답하여 울화상태에 빠지는 '탈진증후군'을 들 수 있습니다. 번아웃증후군, 소진증후군 등으로도 불리는 탈진증후군은 30대에서 40대 사이의 베테랑 교사에게 흔히 나타납니다. 성실하면서 책임감이 강하고, 여러 문제를 혼자 떠맡는 성향의 교사일수록 탈진증후군에 쉽게 빠지는 경향이 있습니다.

'탈진증후군'이란 단어를 살펴볼까요. 이 말은 1970년대 중반, 미국에서 사람을 상대하는 전문직들에게 발생하는 '마음의 병'이 문제가 되었을 무렵, 프로이덴버거(Herbert J. Freudenberger)라는 정신과 의사가 이 병을 '탈진증후군(burnout syndrome)'이라 부른 데서 유래했습니다. 과도한 스트레스로 심신이 모두 소진되어 무기력하고 무감동한 상태가 되어버리는 병적인 상태를 말하지요. 주로 피로, 권태감, 집중력 저하, 부정적 사고, 비관적 기분, 혹은 감정이 불안정해지는 증상 등이 나타납니다.

탈진증후군이 발현되는 과정을 보면 대개 두 가지 조건이 겹치는 경우가 많습니다.

첫 번째는 사람을 상대하는 전문직이라는 조건입니다. 사람을 상대하는 일은 물건을 상대하거나 컴퓨터로 일하는 것과는 달리, 업무 목표를 수치화하기 어렵고 백퍼센트 만족할 만한 결과를 도출하기도 쉽지 않다는 특징이 있습니다.

대표적으로는 교사, 의료인, 복지관련 업무 종사자, 종교활동가 등이 있지요. 주로 과거에 '성직(聖職)'이라고 불리던 직종이 이 유형의 전형에 속합니다.

두 번째 조건은 열정적으로 업무를 추진했음에도 불구하고, 기대만큼의 성과가 나오지 않거나 주위로부터 만족스러운 평가를 받지 못했을 때 오는 좌절감입니다.

사람을 상대로 하는 일의 경우에도, 자신이 예상한 성과나 평가를 얻는다면 그 나름의 성취감을 맛볼 수 있습니다. 그러나 아무리 노력해도 주위의 평가가 좋지 않다면 보람이나 성취감, 만족감을 느낄 수 없게 됩니다. 즉 이상과 현실의 차이가 탈진증후군을 부르는 두 번째 요인이라고 할 수 있지요.

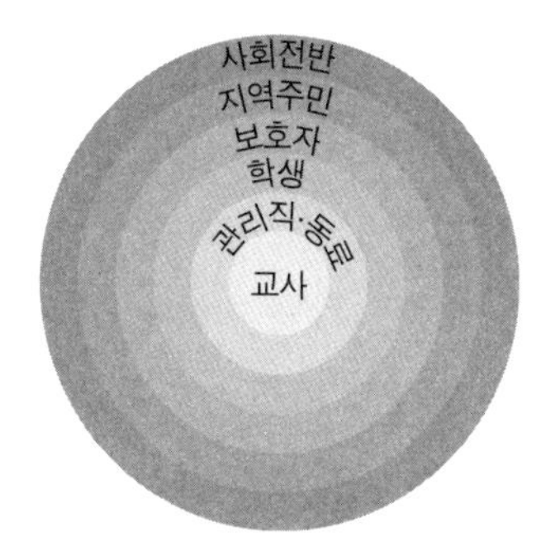

▶교사를 둘러싼 중층적 인간관계의 구조

이와 같은 두 가지 조건을 고려해 볼 때, 교사는 탈진증후군이 발현하기 쉬운 대표적 직종이라고 할 수 있겠습니다.

교사라는 직업은 업무적 특성상 다수의 학생을 컨트롤해야 할 뿐만 아니라 학부모들의 다양한 요구에도 즉각적으로 대응해야 합니다. 학생과 학부모들 중에는 오히려 교사의 근무 태도를 감시하는 경우조차 있습니다. 최근에는 지역 주민과 사회 전체가 학교 교육을 주목하고 있는 실정이라 이러한 경향은 더욱 심화되겠지요.

이처럼 교사를 겹겹이 둘러싼 동심원적인 인간관계는 이른바 '중층적 구조'를 이루고 있다고 할 수 있습니다. 이러한 구조는, 학교라는 직장 내에서 관리직과 동료 교사와의 관계를 중심으로 하여 학생 그리고 그 학생 수만큼의 학부모가 존재하는데다, 그 주위로는 지역 주민과 사회 전반이라고 하는 다양한 입장의 인간관계가 존재하기 때문입니다. 즉, 한 사람의 교사는 각양각색의 인간관계로 둘러싸인 동심원의 중심에 위치하고 있는 것이지요. 이처럼 복잡하고 겹겹이 둘러싸인 직업적 관계성은 학교 교육에 종사하는 교사를 제외하고는 타

직종에서는 좀처럼 보기 힘든 사례입니다.

교사는 이러한 복잡한 인간관계의 구조 속에서 학생의 교과·학습 지도뿐만 아니라, 끝없이 이어지는 생활지도까지 도맡아야 합니다. 이러한 업무 환경은 숫자로 나타낼 수 있는 목표설정이 불가능할 뿐만 아니라, 이렇게 하면 된다고 하는 소위 매뉴얼조차 존재하지 않습니다. 어디까지나 교사 자신의 개인적인 노하우에 의존할 뿐이지요.

이러한 상황 속에서 교사의 역할에 대한 기대감은 갈수록 커지고 있고, 그 기대감에 미치지 못할 때 가해지는 비판의 수위 역시 날로 높아지고 있습니다. 특히 어떤 문제를 원만하게 해결하지 못한 경우, 해당 교사가 학부모회 등에서 비판을 받거나 항의를 받는 일은 이제 일상다반사가 되었지요. 거기에다 교사들은 스스로의 교육관을 관철시키기 위해 자신에게 엄격한 잣대를 들이대는 경우 또한 적지 않습니다. 그 결과 교사들은 이상과 현실의 차이에서 오는 좌절감을 경험하고, 더욱 큰 '탈진' 위기를 맞게 됩니다.

탈진증후군의 가장 대표적인 예로는 전근으로 인해 '마음의 병'이 생긴 교사의 경우입니다.

이러한 사례는 이전 근무지와 현재 근무지 간의 격차가 큰 경우에 흔히 나타나는 특징이 있습니다. 학생들의 학습지도나 생활지도 면에서의 어려움은 학교에 따라서 정도의 차이가 있을 수밖에 없습니다. 더욱이 새 학교에서 인간관계를 잘 구축하지 못하면 스트레스의 정도는 가중되지요. 다시 말해 이전 학교에서는 어느 정도 자신감이 있던 교사가 새로운 학교로 이동하게 되면서 환경 변화에 적응하지 못해 '마음의 병'을 얻게 되는 경우입니다.

그러면 여기서는 문제가 많은 학교로 전근한 뒤 탈진증후군에 걸린 한 교사의 실례를 살펴보겠습니다.

새 학교에서 나홀로 고군분투

M교사는 32세의 남성으로 중학교에서 사회 과목을 담당하고 있습니다.

이전에 근무하던 학교는 신도시 주택가의 중심에 위치하여, 비교적 여유 있는 분위기에 이렇다 할 문제가 없는 학교였습니다. M교사는 초등학생 때 열혈교사였던 담임선생님을 본받아, 교사가 된 후에는 가능한 한 학생들과 많은 시간을 공유하려고 노력했습니다.

동료들 중에도 M교사처럼 학생지도에 열의를 가진 교사가 많아서 독신인 M교사는 업무가 끝나면 동료 교사들과 자주 모임을 갖고 교육의 방향성에 대해 늦은 시간까지 토론하곤 했습니다. 이들은 학교에 어떤 문제가 발생하면 서로 조언하거나 응원해주며 협력하기 위해 노력했습니다.

M교사의 취미는 스포츠로, 휴일이 되면 집 근처의 수영장에 가거나 조깅을 하곤 했습니다. 주말에 운동으로 땀을 흘리면, 몸도 마음도 재충전되어 월요일에도 의욕적으로 업무에 임할 수 있었기 때문입니다.

이런 M교사가 전근을 가게 되었습니다.

새로 부임한 학교는 이전 학교와는 달리 등교를 거부하는 학생도 상당수 있었고, 교내폭력이 빈번히 일어나는 학교였습니다. 게다가 번화가 근처에 있기 때문에 일탈 행동을 하는 학생도 많고, 경찰서에 잡혀

간 학생을 인계받으러 가는 경우도 자주 발생했습니다. 그야말로 학생지도가 어렵기로 유명한 학교였지요.

M교사는 2학년 담임이었고, 새 학기가 시작되자마자 바로 이 같은 학생지도 문제에 직면하게 되었습니다. 이전 학교에서는 이런 학생을 지도해 본 적이 거의 없었기 때문에, 어떻게 해야 좋을지 당혹스러웠지요.

그래서 전 학교에서처럼 동료 교사들과의 협력을 통해 학교 분위기를 쇄신시켜 보고자 했습니다.

그러나 동료 교사들 대부분은 이미 학생지도에 지칠 대로 지쳐 있어서, 더 이상 그런 열정이 남아있는 사람이 없었습니다. 그래서 M교사는 동료 교사들에게 자신의 교육론을 피력해보기도 했지만 돌아오는 것은 탁상공론이라는 대답뿐이었지요. 선배 교사 한 명은 아무리 노력해도 어차피 학교가 바뀌지는 않을 테니 미련을 버리는 것이 속 편하다고 반쯤 포기한 투로 M교사에게 충고하기도 했습니다. 문제 학생의 지도방법에 대해 상담을 해보려고도 했지만 여기에 귀 기울여 주는 동료 역시 찾기가 어려웠습니다.

그래도 M교사는 포기하지 않고 자기 나름의 노력을 계속해 갔습니다.

방과 후에는 일탈 행동을 하는 학생을 따로 불러 개별 면담을 하는 등 대화의 시간을 가졌습니다. 또한 학생이 폭력을 행사하다 경찰에 잡혀가는 일이 생기지 않도록 가정 방문을 하거나 시내 순찰을 돌기도 했습니다.

여기에 M교사는 젊은 남자 교사라는 이유로 농구부까지 담당하게 되었습니다. 원래 스포츠를 좋아하긴 했지만 운동부 지도는 처음인지라 부담감이 생겼던 모양입니다. M교사는 재빨리 농구 룰에 관한 책들을 사서 열심히 읽고 최선을 다해 지도하려고 노력했지요.

농구부를 맡은 후에는 주말에도 농구동아리 활동을 감독하러 학교에 가는 일이 많아졌습니다. 연습 시합의 인솔 교사가 되니 휴일이 통째로 날아가는 경우도 생겼습니다. 출전 등록이나 타 학교에 시합 요청을 하는 등, 낯선 업무들이 정말이지 산 넘어 산이었지요.

방과 후에도 동아리 활동 지도는 기본이고, 처리해야 할 교과업무나 서류 정리 등의 잡무가 산적해 있었습니다. 상황이 이렇다보니 원래 건강하고 체력이 좋던 M교사였지만 서서히 피로가 쌓이기 시작했습니다. 기력도 체력도 모두 소진되어 모처럼의 휴일에도 예전처럼 수영이나 조깅은 엄두조차 내질 못했지요.

일방적인 불만과 비판을 쏟아내는 학부모와 교장

여름 방학에도 쉬지 못하고 동아리 활동에 쫓기다 보니 금세 2학기가 시작되었습니다.

M교사가 담임을 맡고 있는 반의 W라는 학생은 1학기부터 결석을 하기 시작하더니 2학기가 되자 아예 학교에 나오지 않게 되었습니다.

심신이 모두 지쳐 있던 M교사였지만, 등교하지 않는 학생을 두고 볼 수만은 없었기 때문에 시간 날 때마다 W군의 집을 방문하기로 했습니다. W군은 조용한 성격으로 반에서도 친구가 별로 없었습니다. 그뿐만 아니라 아버지가 근무 중인 회사가 경영난에 시달리게 되자

부모의 사이도 원만하지 않았습니다. 학교에서도 집에서도 마음 둘 곳을 찾지 못한 W군은 자기 방에만 틀어박혀 점점 외부와의 접촉을 피하게 된 것이지요.

첫 가정방문 당시 W군은 M교사를 방에도 들어오지 못하게 했습니다. 그러나 가정방문 횟수가 늘어가자 조금씩 마음의 문을 열고 자신의 고민을 이야기하기 시작합니다. W군의 이야기를 들으면서 M교사는 무슨 일이 있어도 W군을 다시 학교에 등교시켜서 즐거운 학교생활을 보낼 수 있도록 도와주고 싶다는 의욕에 불타게 되었습니다.

M교사는 양호교사와 상의 끝에 일단은 W군을 양호실 등교를 시키는 쪽으로 방향을 잡았습니다.

M교사의 간곡한 설득에 W군도 서서히 등교할 마음이 싹트기 시작할 바로 그 무렵이었습니다. W군의 어머니가 교육위원회에 전화를 걸어 민원을 제기했습니다. "M교사가 매일같이 찾아와서는 아이에게 집안사정을 꼬치꼬치 캐묻고 있어요. 이건 저희 가족에 대한 명백한 사생활 침해라구요."

교육위원회는 교장에게, 교장은 다시 M교사에게 "학생 가정에 대한 불필요한 간섭은 삼가해주세요."라고 주의를 주었습니다. W군의 등교를 위해 피곤함을 무릅쓰고 가정방문을 계속해왔는데, 정작 W군의 어머니와 교장에게 일방적인 비난을 받게 되자, M교사에게는 허탈감이 밀려왔습니다.

이런 M교사를 더욱 힘들게 한 것은, W군의 어머니가 다른 학부모들에게 자신에 대한 험담을 하고 다닌다는 사실이었습니다. W군의 모친은 "M선생님은 정말 독한 사람이에요. 우리 아이가 몸이 안 좋아

잠시 학교를 쉬고 있는데, 일부러 집까지 찾아와서 무조건 학교에 나오라지 뭐에요. 그 때문에 아이 상태가 더 나빠졌어요."라며 사실과 전혀 다른 이야기를 퍼뜨렸습니다.

그 소문으로 인해 M교사는 동료들에게 위로를 받기는커녕 더욱 소외되어 갔습니다. 교무실에서 어깨가 축 처져 있는 M교사에게 말을 걸어주는 동료도 없었거니와 대부분은 보고도 못 본 척하였습니다. 교장, 교감 같은 관리직들도 소문이 확산될까 두려워, 학부모들에게 사죄와 변명하기에만 급급했습니다. 학부모회에서는 교장이 직접 나서서 "학부모님들께 심려를 끼쳐드려 죄송하게 생각합니다. 이후 다시는 이런 일이 발생하지 않도록 최대한 노력하겠습니다."라고 사죄했고, 이 자리에서 M교사도 어쩔 수 없이 교장과 함께 머리를 숙여야만 했습니다.

또한 교장은 W군에게 연락을 하려는 M교사에게 "학생을 생각하는 열정을 모르는 건 아니지만, 우리 학교에도 나름의 방침이 있으니 더 이상의 과한 행동은 하지 말아 주세요."라고 단단히 못을 박았습니다.

새로 부임한 학교에 적응하고자 고군분투했던 M교사는 이러한 새 학교의 분위기에 더 이상 버티지 못했고, 자신이 생각해오던 이상과 현실의 극명한 격차를 확인하고는 마음이 점점 우울해졌습니다. 집에 가서도 W군의 일이 머리를 떠나지 않는데, 교장의 경고 역시 계속 머릿속을 맴돌았습니다. 식욕도 사라지고, 기운도 없어지고, 없던 현기증마저 생기기 시작했습니다.

그 후, M교사는 무슨 일에도 흥미가 생기지 않았고, 집중력도 자꾸 떨어지는 기분이 들었습니다. 업무 의욕마저 상실한 채, 그저 멍하니

하루를 보내는 날들만 늘어갔습니다.

이상과 현실 사이의 간극을 어떻게 줄일 것인가

이처럼 성실하게 교육의 이상을 추구하고자 했던 M교사는, 기진맥진한 나머지 아침에 눈뜨는 일조차 힘들어져서 지각하는 날이 눈에 띄게 늘었습니다. 이전 학교에서는 단 하루도 결근한 적이 없었는데, 지금 학교에서는 결근하는 날까지 생겼지요.

이러면 안 된다는 생각에 초조함을 느꼈지만, 학교에서 늘 외톨이였던 M교사에게는 상담할 만한 상대조차 없습니다. 어느 날 M교사는 교육관련 간행물을 찾아보던 중에 지자체 교육센터의 정신건강창구에서 상담이 가능하다는 사실을 알게 되었고 그곳의 심리상담사가 조언해준 대로 정신과 치료를 받기로 했습니다.

M교사에게 내려진 진단은 학생지도 문제로 울화가 쌓인 상태, 즉 '반응성 우울증'이었습니다. 소위 탈진증후군으로 불리는 증상이지요. 학생지도가 어려운 학교로 이동한 후 등교거부 중인 W군을 위해 전력을 다했는데도, 사태 해결은커녕 학부모와 교장에게 일방적으로 오해와 비난만 받은 탓에 성취감 대신 정신적 피로만 누적되어 탈진증후군에 걸리고 만 것입니다.

이윽고 교장과 교감도 M교사가 과도한 스트레스를 받고 있는 현재 상황을 이해하게 되었고, M교사를 자택요양시키기로 결정했습니다. M교사는 집에서 충분히 휴식을 취하면서 정기적인 통원치료도 병행하였고, 점차 건강을 되찾았습니다. 그러나 업무에 대한 자신감만큼은 쉽게 회복되지 않아, 새 학년이 될 때까지 휴직하기로 결정했습니다.

시간이 지나자 M교사는 서서히 우울증을 극복하게 되었고 학교에서 '직장복귀훈련'을 시작했습니다. 약 2개월 동안 출근연습과 수업참관을 하고, 시범수업을 하면서 서서히 자신감을 회복해 갔습니다.

또한 M교사는 복직하면서 자신의 이상을 추구하는 것에 너무 집착하지 않기로 다짐했습니다. 상담했던 정신과 담당 의사가 "당분간 이상은 이상으로 남겨두세요. 현실의 목표치를 낮추고, 우선은 무리하지 않아야 합니다."라고 충고했기 때문입니다.

앞에서 언급한 바와 같이, 탈진증후군은 이상과 현실의 간극을 극복하지 못한 좌절감에서 오는 마음의 질병입니다. M교사는 이전 학교에서 추구하던 이상적인 교육은 잠시 미뤄두고, 눈앞의 현실에 좀 더 유연하게 대처하리라 다짐했습니다. 그는 스스로 이상과 현실의 타협점을 찾으려고 부단히 노력한 덕분에, 병이 재발하지는 않았습니다.

게다가 다행히도 새 학기가 되자 M교사가 근무하는 학교에 의욕적인 남교사가 부임해 왔습니다. 그 신임 교사도 부임 초반에는 예전의 M교사처럼 학생지도에 어려움을 겪고 있는 학교를 개선시키고자 최선을 다했습니다. M교사는 선배 교사로서, '너무 무리는 하지 말라'고 그에게 애정 어린 충고를 건넸고, 이후 두 사람은 서로 격려하고 의지할 수 있는 신뢰관계로 발전해 갑니다. 조금씩 가능한 일부터 먼저 실천해 나가고, 그로부터 학교를 한 걸음씩 개선시키자는 뜻에 공감하는 동료의 존재를 확인하고 나니, 학교에서 소외감을 느끼던 M교사와 신임 교사의 스트레스는 조금씩 줄어들기 시작했습니다.

일이 너무 많아요 : 과도한 업무로 우울증에 걸린 F교사

바쁜 교사를 둘러싼 스트레스 상황이란?

학교현장에서 교사는 다양한 인간관계에 둘러싸여 있습니다. 교사가 우울증에 빠지거나 탈진증후군과 같은 '마음의 병'을 앓게 되는 원인 중 하나가 '중층적 구조의 인간관계'라는 사실은 앞에서도 이미 설명한 바 있지요.

교사를 둘러싼 이러한 구조는 필연적으로 과다한 사회심리적 스트레스를 발생시킬 수밖에 없습니다. 국제노동기구(ILO)가 '교사는 전쟁터 한복판에 서 있는 것과 다름없는 스트레스에 노출되고 있다'고 지적할 정도로 말이지요.

학교현장에서 교사가 받는 스트레스 상황은 1993년 구 문부성[01]에서 작성한 '교원의 마음건강에 관한 조사연구협력자회의' 보고서에 요약되어 있습니다.

보고서에서는 교사의 직무내용 및 직장 환경에 나타난 문제점으로

01 현재의 문부과학성.

다음과 같은 내용을 지적하고 있는데요. 첫째는 학교폭력이나 학교부적응 학생 등을 지도하느라 심신이 피로해지기 쉽다는 점입니다. 둘째는 학교의 수험지도에 학부모들의 기대치가 높아, 교과지도면에서도 고도의 기술이 필요하다는 점이지요. 셋째는 교사가 교육활동을 하는 데 있어, 학부모와 지역주민으로부터 과도한 기대 및 비판을 받기 쉽다는 점입니다. 넷째는 학교의 업무분장이 적절하지 않거나, 교사 상호간의 협력이 충분하지 않은 결과, 책임감이 강하고 성실한 교사가 많은 업무를 떠안기 쉽다는 점 등입니다.

그중에서도 특히 첫 번째와 세 번째 문제점은 최근 폭력행위나 비행, 등교거부를 일삼는 학생들의 문제행동이 점점 더 심각한 사회문제로 부각되는 현실 속에서, 이에 대처하는 것 역시 교사의 중요한 책무라는 인식이 확산되고 있기 때문에 교사의 부담감을 더욱 가중시키고 있습니다. 앞서 언급한 M교사의 경우처럼, 전근 온 학교에서 학생지도에 고군분투했지만, 오히려 학부모에게 비난을 받게 되는 경우에 쉽게 탈진증후군에 빠지게 되는 것이지요.

게다가 최근에는 공공기관의 정보공지나 설명책임 등의 방침을 장려하는 시대여서, 이에 따른 교사의 업무는 지속적으로 증가하고 있습니다. 학부모들은 학교행사와 교육방침에 대한 보고서를 그때그때 작성해서 공지하도록 요구하고 있지요. 또한 관리직들은 교과지도와 학생지도에 관한 지도안을 제출하도록 요구합니다. 그 외에도 업무분장, 교무주임, 생활지도주임 등의 임무도 맡아야 합니다. 게다가, 일단 어떤 문제가 발생하면 바로 교육위원회에 제출할 보고서를 작성하는 시간은 물론 직원들과의 회의시간도 증가하지요. 이렇게 복잡다단한 업무들 때문에, 교사가 학생들과 직접적으로 대면하는 시간은 점점 더 부족해집니다.

여하튼 이 같은 학교현장의 상황으로 미루어 짐작컨대, 교사 한 사람 한 사람에게 주어지는 심리적 부담이 이미 과도한 수준에 도달했다는 사실은 분명한 것 같습니다. 그 중에서도 교직이 적성에 맞는 교사, 즉 책임감이 강하고 성실하며 열정적인 교사일수록 업무와 관련한 스트레스는 더욱 커질 수 있습니다.

여기서는 과다한 업무를 끌어안고 있다가 우울증에 걸린 한 교사의 사례를 살펴보고자 합니다.

중증장애아 담임이 되어 홀로 일을 떠안다

F교사는 42세의 남성으로 특수학교 교사입니다. 지체장애를 가진 남동생이 있던 그는 대학교에 다니면서부터 지체장애아 특수학교의 교원이 되겠다는 결심을 했습니다.

F교사는 꼼꼼하고 책임감도 강했으며 교원직무가 적성에도 잘 맞아, 관리직과 동료들에게 업무능력이 우수하다는 평가를 받았습니다. 그는 오랫동안 남동생을 돌봤던 경험이 있어 지체장애 학생들을 능숙하게 다루었기 때문에 같은 팀 동료 교사들의 귀감이 되었습니다.

반면, 굳이 단점을 말하자면 융통성이 없어 적당한 선에서 일을 마무리 짓지 못해, 가끔은 혼자서 일을 도맡게 되는 경우가 있다는 것이지요. F교사는 업무량에 대해 상당한 부담을 느끼고 있었지만, 휴일이 되면 집에서 푹 쉬는 걸로 몸과 마음의 피로를 털어내곤 했습니다.

가족으로는 부인과 중학생 아들, 그리고 초등학생인 딸이 있는데 특히 중학교 교사로 일하는 부인의 격려와 조언은 그에게 큰 위로가 되었지요.

특수학교의 경우, 학습지도와 학생지도의 측면에서 일반학교와는 또 다른 어려움이 있습니다.

F교사가 근무하는 학교는 중증장애아가 많아 업무가 많고 고된 편이었습니다. 교사들은 급식시간이 되면 특히 신경이 곤두섭니다. 몇 년 전, 한 학생이 음식을 잘못 삼켜 사망한 사건이 발생했던 적이 있기 때문에, 교사들은 학생들이 잘못해서 음식물이 아닌 것을 입에 넣거나, 음식물로 인해 목이 막히는 사고를 막기 위해 세심하게 주의를 기울여야 합니다. 학생 사망사고가 발생했을 때, 사망한 학생의 담임교사는 사건 경위에 대해 교육위원회에 보고서를 올리고, 학부모에게 설명하고, 언론보도에 응하는 등, 계속되는 관련 업무에 지쳐 쓰러지고 말았습니다. 이런 일이 있었던 터라 이 학교의 교사들은 급식 중에 한순간도 편히 마음을 놓을 수가 없었다고 합니다.

또한 작년에 다른 지방의 특수학교에서 교사의 성추행 의혹사건이 발생하여 큰 이슈가 된 적이 있었습니다. 중증장애아의 경우에는 교내에서 이동할 때에도 담임교사가 항상 곁에 붙어있어야 하는데요. 하루는 같은 말을 몇 번이나 반복해도 듣지 않는 여학생을 다루는 과정에서 담임교사가 해당 학생을 몸으로 눌러 덮치는 듯한 상황이 빚어졌습니다. 이 때문에 교실 분위기는 소란스러워졌고, 그 상황이 학부모들에게 와전되어 담임교사가 외설행위를 했다는 소문이 번지게 되었지요. 그 일로 해당 교사는 교육위원회에서 스스로를 변호하기 위해 많은 양의 보고서를 제출했지만 결국 면직처분을 받았습니다.

이와 같은 사례는 다른 학교에서도 있었던 일이라, F교사가 근무하는 특수학교에서는 아이들을 대할 때 더욱 더 신경을 쓰고 있습니다. 장애아를 둔 학부모들은 대부분 학교 상황을 주시하고 있기 때문에, 학부모들에게 학교 상황을 설명하는 가정통신문을 수시로 배포해야 하지요. 학기별 일정표부터 학교행사, 수업 진행상황 등의 세부 내용을 모두 보고서로 작성해야 하기 때문에, 이로 인한 교사의 업무량은 상당합니다. F교사는 그런 보고서 작성도 귀찮은 기색 하나 없이 성실히 작성했습니다.

새 학기가 되자, F교사는 새로 입학한 중증장애아 학급의 담임이 되었습니다.

중증장애아 학급의 담임을 맡게 되면 생각 이상으로 상당한 체력이 소모됩니다. 그러나 F교사는 원래부터 장애아동교육에 대해 뜨거운 애정을 가지고 있었던 까닭에 교무분장, 보고서 작성 등에도 최선을 다했습니다. 게다가 F교사는 자신의 일뿐만 아니라 다른 교사들이 꺼려하는 일도 일단 부탁 받으면 거절을 못하는 성격이었기 때문에, 동료들은 F교사를 존경하기도 했지만 한편으로는 과할 정도로 의존하기도 했지요. 같은 팀 동료 교사를 비롯해서, 심지어 다른 팀의 교사들까지 F교사에게 일을 떠넘기며 기대기 일쑤였습니다.

교장, 교감 같은 관리직들은 F교사의 업무처리 능력을 높이 평가하며, 많은 직무를 F교사 혼자서 떠맡고 있다는 사실에는 그다지 주의를 기울이지 않았습니다.

성실한 교사가 마음을 다쳤다면 격려보다는 업무 감량을

어느 날, F교사는 감기몸살에 걸려 며칠 동안 학교를 쉬었습니다. 운동회 준비를 하느라고 부슬비가 내리는 교정에서 밤늦게까지 홀로 행사용품을 설치하다가 컨디션이 나빠진 게 원인이었지요. 그럭저럭 감기는 나아서 업무에 복귀했지만, 그 무렵부터 지금까지 불태우던 열정이 서서히 식어가기 시작했습니다. F교사의 얼굴엔 지친 기색이 역력한데다 한숨을 자주 쉬고, 교무실에서도 말없이 앉아있기만 했습니다.

이전에는 바로바로 처리하던 문서들도, 요즘 들어서는 상당한 시간이 지나서야 겨우 제출하는 경우가 늘었고, 자잘한 실수도 자주 눈에 띄게 되었지요. 담임을 맡고 있는 중증장애아 학급에서도 이전처럼 대처가 능숙하게 이루어지지 못해서, 이동 중이던 아이에게 큰 부상을 입힐 뻔한 사건이 일어나기도 했습니다.

F교사의 변화를 눈치챈 동료 교사가 "무슨 일 있으세요?"라고 물었지만 "저도 잘 모르겠어요. 이상하게 기운이 없네요."라며 침울한 표정으로 대답할 뿐이었지요. 그리고는 "다른 분들께 제가 자꾸 민폐만 끼치는 거 같아 죄송해요."라며 자책하는 말만 되풀이하니 동료들도 어떻게 격려해야 할지 몰라 난감해 했습니다.

F교사는 점점 식욕도 잃어가고, 숙면도 취하지 못하게 됩니다. 예전 같았으면 주말에는 가족들과 함께 집 근처의 공원을 산책하기도 했지만, 이제는 집 밖으로는 나가려고조차 하지 않았지요. 일요일에도 하루 종일 웅크리고 앉아 "이제 아무 것도 할 수가 없어. 어떻게 해야 좋을지 모르겠어."라고 혼잣말을 중얼거렸습니다. 그런 남편의 모습에 걱정이 된 부인은 교육위원회의 건강상담창구를 통해 교원전문병원

의 신경정신과를 소개받아, 안 가겠다는 F교사를 설득해 데리고 갔습니다.

진찰 결과 F교사는 의사로부터 '우울증이 의심된다'는 진단을 받게 됩니다. 덧붙여 강한 자책감으로 자살위험성이 우려된다는 진단하에 의사는 입원치료를 권유했습니다. F교사는 동료들에게 더 이상 민폐를 끼칠 수 없다는 이유로 입원을 거부했지만 예전처럼 열정적으로 일하자니 의욕이 생기지 않고, 입원을 하자니 다른 사람에게 피해를 주는 것 같아, 이러지도 저러지도 못하고 자꾸 움츠러들기만 했습니다.

결국 F교사를 진찰한 담당 의사는 소속 학교 교장에게 연락하여 F교사의 현재 상태로 볼 때 입원이나 자택요양이 반드시 필요하다고 설명했습니다. 담당 의사는 "F교사의 경우, 격려하면 할수록 오히려 자신에 대한 자책이 심해져, 병이 깊어질 위험성이 있습니다. 충분한 휴식을 취할 수 있도록 하고, 격려하기보다는 가능한 한 업무의 부담을 줄여주는 것이 좋겠습니다."라는 의견도 전달했지요. 내내 망설이던 F교사 역시 자신을 걱정해주는 부인과 교장의 설득에 요양문제를 진지하게 생각하게 되었습니다.

이후 F교사는 병가를 받아 약 2개월 동안 자택에서 요양하고 나서 학교에 복귀하게 되었습니다. 관리직과 동료들은 그제야 F교사의 과중한 부담감을 이해했고 적극적으로 도와주려는 분위기도 형성되었습니다. 혼자 끌어안고 끙끙대던 학교업무도 줄어들었고, 담임을 맡았던 중증장애 학생들은 동료인 보조교사와 함께 돌보게 되었습니다. 그리고 반년 후에는 통원치료도 끝나고, 완전히 건강을 회복하게 되었지요.

그 다음 해에는 교장의 판단에 의해 경증장애아 학급의 담임으로 보직이 변경되었고, 전처럼 F교사가 혼자 과도한 업무를 도맡는 일은 없어졌습니다. F교사는 학부모들에게도 존경을 받고 있었기 때문에 병가 중에도 복귀 후에도 불만을 내비치거나 비판하는 학부모들은 없었습니다. 오히려 복귀 후에 열린 학부모회에서는 "선생님, 너무 무리하지 마세요."라며 F교사의 건강을 걱정하는 학부모들이 대다수였습니다.

F교사의 이야기는 과다한 업무를 떠맡다 못해 쓰러졌지만, 주변 사람들의 협조와 배려로 무사히 직장에 복귀할 수 있었던 좋은 예라고 할 수 있겠습니다.

조금만 더 신경 썼더라면… :
학생의 자살기도로 사면초가에 놓인 S교사

교사의 스트레스를 유발하는 복합적 요인

학교현장의 실태를 들여다보면, 교사들이 업무와 관련하여 강도 높은 스트레스에 노출되어 있다는 사실을 어렵지 않게 파악할 수 있습니다. 이러한 환경 요인이 교사들을 '마음의 병'에 걸리게 만드는 셈인데요.

또한 교사의 스트레스 상황은 매우 복합적으로 형성되는 경우가 많습니다. 예를 들어, 자신이 담임을 맡고 있는 학급의 학생이 문제를 일으켰다면, 우선은 학생 당사자에게 직접적인 지도를 실시해야 하겠지요. 나아가 해당 학생의 부모뿐만 아니라, 학급 내 학부모회에서 나온 의견에도 대응해야 합니다. 혹여 해당 교사가 교장 · 교감을 비롯해 동료 교사와의 관계가 원만하지 못한 경우라면 고립무원의 상태가 되어, 업무에 대한 부담은 더욱 커질 수밖에 없겠지요. 여기에 가정이라든가 직장 외적인 환경에서도 문제가 있다면 이 교사가 '마음의 병'에 걸리는 것은 어쩌면 당연한 일일지도 모릅니다.

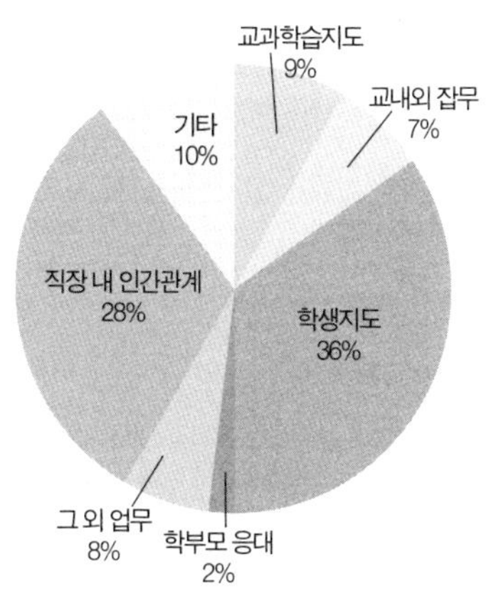

▶학교직장 내의 스트레스 요인

한편 제가 현재 근무 중인 산라쿠병원 신경정신과에서는 1992년부터 1996년에 걸쳐 내원한 약 800명의 현직 교사들을 대상으로 진료 기록을 조사한 적이 있습니다.

이 조사 결과에 따르면 학교 내에서 받는 스트레스의 주원인 중, 학생지도에 관한 비율이 36%로 가장 높고, 동료 및 관리직과의 인간관계가 차지하는 비율도 28%로 꽤 많은 비중을 차지하고 있습니다. 학부모 응대가 스트레스의 주요 원인이라고 응답한 비율도 2%에 이릅니다. 여기서 학생지도, 동료 및 관리직과의 인간관계, 학부모 응대라는 요인을 모두 더하면, 전체의 약 70%에 가까운 비율을 차지하고 있습니다(상단의 도표 참조).

이러한 결과는 앞서 기술한 바와 같이 교사라는 직업에서 받는 업무 스트레스의 대부분은 다양한 인간관계에서 발생한다는 사실을 시사하는 것이지요.

또한, 연령대별 스트레스의 주요인을 살펴보면, 20대의 젊은 교사들은 주로 교직 자체에 대한 부적응이 원인인 경우가 많습니다. 30~40대의 중견교사들은 앞서 언급한 M교사의 예와 같이 전근으로 인한 학교 간 격차가 스트레스의 주된 원인이었지요. 거기에 40~50대로 가면 관리직 승진에 따른 스트레스까지 부가되는 것으로 나타납니다.

특히 여교사들에게는 직장 내의 스트레스뿐만 아니라, 가사노동 및 가족관계로 인한 스트레스가 동시에 발생하는 경우도 적지 않았습니다. 육아를 하고 있는 여교사의 경우, 엄마이면서 동시에 교사라는 두 가지 역할 사이에서 고민하는 경우가 많습니다. 예를 들면 자신의 자녀가 등교거부 등의 문제를 일으키는 경우, '교사가 자기 자식 하나 제대로 못 가르치다니' 같은 주위의 따가운 시선과 질타로 인해 갈등을 빚는 경우지요. 혹은 자신의 아이가 비행에 가담하는 경우에도 자신을 과도하게 책망하는 여교사들이 적지 않습니다.

고등학교에 근무하는 여교사의 경우도 문제가 됩니다. 초등학교에는 여교사가 많아, 여성이라는 이유로 불이익을 받는 예는 거의 없습니다. 이와 달리 상대적으로 남교사가 많은 고등학교에서는 여교사들 사이에서 '소외되기 쉽다, 여교사의 입장은 전혀 고려해주지 않는다'는 불만이 자주 터져 나옵니다.

이러한 직무환경 속에서도 학생지도에 고심하는 여교사들에게 가족 내 문제로 인한 스트레스까지 겹치면, '마음의 병'을 앓게 되는 것도 무리는 아니겠지요.

여기서는 '반응성 우울증'에 걸린 여교사의 예를 살펴보도록 하겠습니다.

학생지도, 교과지도에 동아리지도까지 담당하는 일상

S교사는 45세의 여성으로 고등학교에서 영어 과목을 담당하고 있습니다. 아버지가 초등학교 교사였기 때문에 어린 시절부터 교육에 성심을 다하는 아버지의 모습을 보고 자란 터라 그녀도 자연스럽게 교직을 선택하게 되었다고 합니다. 대학 졸업 후 교원으로 임용되어 교사 생활을 시작한 지는 20년이 넘었습니다.

교사라는 직업에 보람을 갖고 있는 S교사는 직장 내에서의 인간관계도 원만한 편이고, 학생은 물론 학부모에게도 신뢰를 받고 있습니다. 격무에 시달리면서도 최대한 학생들과 함께 하기 위해 노력하며, 학교 업무도 성실히 수행하고 있었지요.

가족으로는 같이 교직에 종사하는 남편과 중학생인 아들이 있습니다. S교사는 일과 가사를 병행하고 있었고, 자식교육에 대해 굳이 표현하자면 방임형에 가까운 편이었습니다. 그도 그럴 것이 아들은 원래부터 말수가 많은 편이 아니었고, 손이 많이 가는 아이도 아닌데다 중학생이 되고 나서도 이렇다 할 반항의 기미조차 보이지 않았기 때문입니다.

S교사가 근무하는 공립고등학교는 예전에는 상당한 명문고였습니다. 그러나 최근 10년 사이, 근처의 여러 사립고등학교들이 학력향상에 전력을 기울이기 시작하면서 상대적으로 S교사가 있는 고등학교의 평가가 낮아지게 되었습니다. 그러는 와중에 학교의 기풍도 다소

해이해져, 교내에서 폭력사건이 발생하기도 하고 경찰에 잡혀가는 학생들까지 생기게 되었지요.

이러한 분위기 속에 S교사는 방과 후까지 학생지도를 하거나, 문제행동을 일으킨 학생들과 오랜 시간 동안 상담을 하기도 했습니다. 담임을 맡고 있는 학생이 편의점에서 물건을 훔치다 경찰서에 잡혀갔을 때는 교육위원회에 제출할 보고서 작성이나 학부모와의 면담 등, 연일 사후처리에 정신이 없었지요. 게다가 S교사는 학생들의 사고력을 키우고자 사회 이슈나 사건 등을 주제로 한 독자적인 수업교재를 만들어 학생들에게 매주 배포하고 있었습니다. 이를 위해 주말에도 집에서 여러 종류의 신문을 읽고 아침부터 저녁까지 컴퓨터 앞에서 교재를 만들곤 했습니다.

한편, 교육위원회는 공립고등학교의 기반이 무너지는 상황을 우려하여 학력회복에 총력을 기울이라는 지침을 각 고교에 내립니다. 이 지침에 따라 교사들은 수업을 진행할 때 부교재를 선정하거나 인쇄물을 만들어 나눠주어야 했지요. S교사는 학생들의 학습의욕을 높이기 위해 남편과 아들이 잠든 후에도 밤늦은 시간까지 다음 날 수업을 위해 준비하는 날이 많아졌습니다.

게다가 학창 시절에 연극부에서 활동했던 S교사는 동아리 활동의 연극부 담임까지 맡게 되었습니다. 연극부 학생들은 대부분 성실해서 S교사를 잘 따랐고 S교사도 즐거운 마음으로 아이들을 지도할 수 있었지요. 학교 축제 기간에는 영어연극을 공연하게 되어, S교사는 대본지도와 의상준비 등으로 눈코 뜰 새 없이 바빠졌습니다. 축제일이 다가오자 연극부 연습은 일요일까지 이어졌고, S교사가 주말에 하곤 했던 수업준비나 보충교재 작성은 한밤중으로 미뤄질 수밖에 없었습니다.

학생의 자살시도가 초래한 '마음의 병'

평일에 하는 통상적인 업무처리는 물론 휴일에도 출근하는 날이 많아지자 S교사는 점점 피로가 쌓여 갔습니다. 그러나 그녀가 근무 중인 고등학교는 남교사가 많은 곳이어서, 그녀는 '여자라 대충 한다는 소리를 들을 순 없지'라는 생각으로 약한 모습을 보이지 않으려 더욱 기를 썼지요.

그런데 이때 가정에 고민거리가 하나 생겼습니다.

학교 축제를 무사히 마치고 겨우 한숨을 돌리는가 싶었는데, 갑자기 아들이 은둔형 외톨이 증세를 보이기 시작한 것입니다. 아이의 담임 선생님이 설명하기로는 사소한 일로 친구와 말다툼을 한 후에, 따돌림을 당하기 시작했다고 합니다. S교사는 매일 밤, 저녁 식사를 마치자마자 끝내지 못한 학교 업무를 처리하느라 아들에게 큰 고민이 있다는 사실을 전혀 눈치채지 못했던 것이지요. 지금까지 바쁘다는 핑계로 아이와 차분하게 대화할 시간을 가져본 적이 없었던 S교사는 상당한 충격을 받았습니다. 교사인 남편은 업무에 쫓기는 S교사의 입장을 이해했기 때문에 "어쩔 수 없었잖아. 지금부터라도 서로 도와가며 최대한 가족과 함께하는 시간을 늘리면 괜찮을 거야."라고 격려했습니다. 그러나 S교사는 '자기 자식 하나도 제대로 못 키우는 내가 과연 교사라고 할 수 있을까?'라는 생각을 하며 심한 자책감에 빠졌습니다.

이런 와중에 설상가상, S교사를 재기 불능으로 만든 사건이 발생합니다.

그녀의 담당학급에서 한 학생이 자살을 시도한 것입니다. 반 친구들에게 왕따를 당하고 있던 그 학생은 방과 후, 다른 학생들이 모두 귀가한 것을 확인하고는 체육도구실에서 목을 맸다고 합니다. 다행히 당직교사가 조기에 발견하여 생명에는 지장이 없었지요. S교사는 그 학생이 항상 외톨이로 지내는 모습이 마음에 걸렸던 터라, 조만간 대화를 해보려고 마음먹고 있었던 와중에 이런 일이 생겨 충격이 더 컸다고 합니다. 그 학생의 모습에 친구 사이에서 따돌림을 당하고 있는 자신의 아들이 겹쳐져, '나는 엄마로서도, 교사로서도 실격이야'라는 생각에 괴로워했습니다.

불행 중 다행으로 학부모들은 이번 사건의 책임을 S교사에게 묻지 않았고, 관리직과 동료들 역시 오히려 그녀에게 위로를 건넸습니다. 그러나 S교사는 주변 사람들이 자신을 위로하면 할수록, '내가 조금만 더 신경을 썼더라면 이런 일까지는 벌어지지는 않았을 텐데'라는 후회로 점점 더 스스로를 책망하게 되었지요.

그 사건 이후로 S교사는 전혀 다른 사람이 되었습니다. 이전에는 늘 명랑하고 피곤한 기색 한 번 보이지 않던 사람이었는데 지금은 넋이 빠진 표정을 하고 말수까지 부쩍 줄어들었지요. 결국 밤에는 잠도 못 자고, 겨우 잠이 들어도 가위에 눌려 한밤중에 깨는 일이 잦아졌습니다. 숙면을 취하지 못한 탓에 낮 시간에는 머리가 무거워 멍하니 있는 시간이 많아졌습니다.

식욕까지 잃은 S교사는, 점심식사도 자주 거르곤 했습니다. 싸온 도

시락을 펼쳐놓고도 먹으려 하지 않았지요. 교무실에서도 말없이 한숨만 쉬고 있는 모습을 지켜보던 교장은 결국 S교사에게 정신과 상담을 권했습니다.

그러나 S교사는 좀처럼 병원에 가려고 하지 않았습니다. 심한 자책감에 괴로워하던 그녀는 치료를 통해 자신의 마음이 편해지는 것은 용납할 수 없는 일이라고 생각했던 까닭이지요. 교장은 S교사의 남편에게 전화를 걸어 억지로라도 그녀를 병원에 데려가줄 것을 요청했습니다.

S교사는 남편의 손에 이끌려 인근 병원을 찾게 되었습니다. 진단 결과 '반응성 우울증'으로 2개월간의 병가를 요한다는 진단을 받았고, 통원치료와 약물치료를 병행하면서 기력을 조금씩 회복해갔습니다. 2개월 후에 복직한 S교사를 위해, 관리직과 동료들은 회의를 거쳐 S교사의 학교업무를 줄여주었고 그녀가 가능한 한 빨리 퇴근할 수 있도록 배려해주었습니다. 이렇게 해서 병은 어느 정도 회복되긴 했지만, 그럼에도 불구하고 자살하려 했던 학생에 대한 자책감은 여전히 남아있었지요.

S교사는 치료를 받으면서 다시 한 번 일과 가족, 그리고 자신의 인생에 대해 생각해보았습니다. 지금까지는 교사로서 열과 성의를 다해 살아왔지만, 자신은 교사이면서 또한 내 아이의 엄마이기도 하다는 사실을 깨달았다고 합니다. 남편과 상의 끝에 그녀는 결국 학교를 그만두기로 결심했습니다. 학년말이 되자 S교사는 오랜 교직 생활에 마침표를 찍고, 새로운 생활을 시작하기로 했습니다.

동료도 내 편도 없어요 : 인간관계에 지친 A양호교사

학교조직 측면에서 본 양호교사의 복잡한 입장

학교는 교사와 관리직, 행정직을 비롯한 몇 개의 직종으로 구성된 조직이고, 그 중심에 일반교사가 있다는 것은 분명한 사실이지요. 그러나 이에 못지않게 학교 운영에 없어서는 안 될 존재가 바로 양호교사입니다.

오늘날 양호교사의 업무는 학생들의 상처를 치료하거나 아픈 학생을 보살피는 데서 끝나지 않습니다. 최근 등교거부 학생이 증가하면서, 양호교사들의 교내에서 중요한 위상을 차지하게 되었지요. 이로 인해 몇몇의 양호교사들이 겪는 사회심리적 스트레스는 결코 작은 것이 아닙니다.

최근 심의회의 답신에도 명시되어 있는 것처럼, 양호교사의 새로운 역할에 대해 주목할 필요가 있습니다. 예를 들면, 1997년 구 문부성 산하 보건체육심의회의 답신에서는 양호교사의 새로운 역할로 헬스 카운슬링, 즉 건강상담활동의 중요성을 제시한 바 있지요. 이것은 곧 학생의 심리적 문제에도 적절히 대처할 수 있는 상담능력이 양호교사에게 새로이 요구되는 것을 의미합니다. 이러한 과제가 추가로 부가된 만큼, 이전에 비해 양호교사의 업무량이 상당 부분 증가했으리라는 점은 쉽게 예상할 수 있습니다.

1998년, 일본 전국양호교원회에서는 전국의 양호교사 약 7천 명을 대상으로 '학생들의 마음문제 실태와 그에 대한 대응'에 관한 조사를 실시했습니다. 그 결과, 아이들의 심리적 고민에 교사가 일일이 대응하기는 어렵다는 응답이 80%에 가깝게 나타났습니다. 등교거부학생이나 ADHD(주의력결핍 과잉행동장애)학생의 증가, 또한 학교에서 일어난 사건 사고로 인해 PTSD(외상 후 스트레스장애)을 겪는 학생들을 비롯해 양호교사의 도움을 필요로 하는 상황은 꾸준히 증가하는 추세입니다. 이런 상황에서, 일반적으로 각 학교 당 한 명만 배치되는 양호교사가 할 수 있는 업무량은 한계가 있을 수밖에 없습니다. 한 학교에 2명의 양호교사를 두는 복수배치 역시 현실화하기 쉽지 않은 상황이어서, 학생별 맞춤 케어란 불가능하다고 생각하는 양호교사가 상당수에 이르고 있는 것으로 보입니다.

양호교사는 좋든 싫든 학교조직에서 특수한 위치에 있다고 할 수 있습니다. 다방면에 걸친 업무내용과 더불어, 개별 학생들의 상황에 어느 선까지 대응해야 하는지 그 경계 또한 애매하지요. 관점에 따라서는 매우 넓은 범위의 일에 관여해야만 하는 위치에 있다고 볼 수도 있습니다. 게다가 양호실로 등교하는 학생이 여럿 생기는 경우, 그에 대한 대응만으로도 양호교사들은 벅찰 수밖에 없지요. 일본학교보건회가 2001년에 실시했던 전국조사에서 양호실로 등교하는 학생이 있는 학교의 수는 계속해서 증가하고 있고, 특히 중학교에서의 증가율이 크다고 나타났습니다.

한편, 직장 내에서 소수의 직종은 소외되기 쉽다는 문제점도 있습니다. 대부분의 양호교사는 자신과 같은 입장에서 업무상의 고충을 이해해주는 동료를 찾기가 어렵지요. 다시 말해 편안하게 불만을 이야기하거나, 상담할 수 있는 상대가 없다는 것입니다. 게다가 양호실에 왔던 학생들에게 문제가 발생하는 경우, 그에 대한 책임 측면에서도 자유로울 수가 없지요. 이렇듯 양호교사라는 특수한 입장이 갖고 있는 고충에 대해서는 필자도 양호교사연구회 등에서 가끔 듣곤 합니다.

더욱이 양호교사는 업무내용 면에서 보자면 학생들의 고민과 가장 가까운 거리에서 접하는 위치에 있지만, 직접적으로 도움을 주기는 어려운 입장인 경우가 있습니다. 예를 들어 등교거부 학생이 양호실로 등교하는 경우, 어떻게 대처할 것인지에 대해 담임교사나 학부모에게는 나름의 의견이 있을 수 있습니다. 이때 양호교사와 담임교사의 견해가 다른 경우가 발생하게 되면 그 역시 양호교사의 또 다른 고민이 될 수밖에 없겠지요. 덧붙이자면, 앞서 언급했던 전국양호교사회의 조사에서도 일반교사와 양호교사 간의 협력이 원활하게 이루어지지 않고 있다는 응답이 거의 절반에 달하고 있습니다.

이처럼 학교조직 내에서 미묘한 위치에 있는 양호교사들은 그로 인해 일상 업무에서 상당한 정도의 심리적 부담을 느끼곤 합니다.

그 결과 양호교사 자신이 '마음의 병'을 얻는 경우도 적지 않습니다. 일반교사들과 마찬가지로 다수의 양호교사에게서 심리적 압박증세가 나타나고 있는 실정이지요.

그럼, 학교 내에서의 복잡한 입장으로 인해 '마음의 병'이 생긴 양호교사의 사례를 소개하도록 하겠습니다.

등교거부학생을 둘러싼 담임교사와의 대립

A교사는 32세의 여성으로 초등학교에서 양호교사로 근무하고 있습니다.

이과 공부에 소질이 있던 A교사는 초등학교 무렵부터 의료와 관련된 일을 하고 싶다는 꿈을 꾸었지요. 원래부터 아이들을 좋아했던 A교사는 고등학생 시절부터 양호교사가 되겠다는 현실적 목표를 갖고 양호교사양성대학에 지원하여 합격하게 되었습니다. 대학 졸업 후에는 그동안 꿈꿔왔던 초등학교 양호교사로 임용이 되었지요.

아이들의 상처를 치료해주거나, 천식이나 알레르기가 있는 학생들을 세심히 돌보고, 쉬는 시간에 놀러오는 학생들을 상대하는 등 A교사는 자신의 일에서 많은 보람을 느꼈습니다. 회사원인 남편과의 사이에 아이는 없었지만, 남편은 그녀가 계속 일하는 것에 동의해주었고, 일과 가사를 병행하는 데서 오는 스트레스는 거의 없었던 것 같습니다.

현재 근무하고 있는 학교에는 올해 부임했고, 이제 학교 분위기에도 어느 정도 익숙해져가고 있었지요. 그러나 이전 학교와 크게 다른 점이라면 등교거부학생이 많다는 점입니다. 등교거부학생을 교실수업으로 이끌기 위해서 우선은 양호실로 등교시키는 경우가 많습니다.

그래서 A교사는 부임 초부터 통상적인 양호실 업무뿐만 아니라 양호실로 등교하는 여러 명의 학생들을 돌보는 일까지 맡게 되었습니니다. 더구나 현재의 학교는 25학급이나 되어 비교적 학생 수가 많은 편인데도 양호교사는 A교사 한 명뿐입니다. 2명 이상의 양호교사를 배치할 수 있는 건 30학급 이상인 학교에 해당한다는 규정 때문에, A교사는 많은 학생들을 혼자서 상대해야만 했습니다.

쉬는 시간이 되면 양호실은 아이들로 넘쳐나고, 점심시간 역시 마음 편히 식사할 틈조차 없을 때가 부지기수였지요. 수업이 시작되면 대부분의 학생들은 곧장 교실로 돌아가지만, 그 중에는 수업을 빠지고 싶어 하는 학생들도 있어 조심스럽게 응대할 필요가 있는 경우도 있습니다. 피곤하다거나 감기에 걸렸다는 이유로는 쉴 수조차 없어서 긴장의 끈을 놓을 수 없는 일상이 계속되었지요.

결국 A교사는 점점 피로가 쌓여, 휴일에는 하루 종일 집에서 축 늘어져 있는 날이 많아졌습니다. 예전에는 남편과 영화를 보거나 쇼핑을 하기도 했지만, 이제는 사람이 많은 복잡한 곳은 피하게 되었습니다. 그래도 마음의 문을 닫고 등교를 거부했던 학생들이 자신의 이야기를 꺼내기 시작하거나, 건강을 되찾아 교실로 돌아가는 것을 보면서 양호교사로서의 성취감은 느낄 수 있었습니다.

그러던 어느 날, A교사는 양호실로 임시 등교하고 있는 학생의 대처방법을 두고 해당 학생의 담임교사와 의견 충돌을 빚게 되었습니다.

남자인 담임교사는 "양호실로 등교한지도 시간이 꽤 지났으니, 이제 교실로 등교시키는 게 어떻겠습니까?"라는 의견을 제시했습니다. 그러나 하루 종일 해당 학생과 함께 하며 상태를 지켜보고 있던 A교사는 "아직 그 학생은 감정이 불안정한 상태에요. 이제 겨우 양호실 분위기에 익숙해졌으니, 조금은 더 양호실에서 시간을 갖도록 하는 쪽이 좋겠습니다."라고 답변했지요.

A교사와 담임교사는 이 문제를 두고 수차례에 걸쳐 의논을 반복했으나, 서로간의 의견차를 좁힐 수는 없었던 것 같습니다. 결국 담임교사는 "A선생님이 그렇게까지 말씀하신다면, 더 이상 제가 할 일은 없을 것 같네요."라고 말하더니 그 후로는 양호실로 등교하는 학생을 아예 보러오지도 않았습니다.

그 후, 담임교사와의 연계교육을 할 수 없게 된 A교사는 해당 학생을 혼자서 돌보느라 고군분투할 수밖에 없었지요. 이런 상태로 서로의 주장만을 고집하는 것은 학생을 위하는 것이 아니라는 생각에 A교사는 담임교사에게 "다시 한 번 의논해보면 어떨까요."라고 말을 건넸지만, "그 문제는 A선생님이 알아서 하세요."라며 들으려고도 하지 않았습니다.

이 사건 이후로 A교사는 다른 교사들과도 어딘지 모르게 거리감이 생긴 듯한 기분이 들었습니다. 담임교사와 양호교사는 학생을 대하는 입장이 다르니 관점 또한 다를 수밖에 없겠지요. 교내에 한 명뿐인 양호교사라는 직종의 특성 때문에 A교사와 같은 입장에서 생각해주는 동료는 없었습니다.

양호실로 등교하는 학생의 최종 목표는 교실로 돌아가는 것이지요. 그러기 위해서는 학생의 담임교사와 긴밀한 협조가 이루어져야 할 것입니다. A교사의 사례에서 다른 동료 교사들은 아마도 가급적 빨리 학생을 교실로 복귀시켜야 한다는 담임교사의 의견에 동조했던 것으로 보입니다. A교사는 자신과 생각이 다른 교사들에게 일방적으로 비판을 받고 있다는 생각에 무척이나 힘들었다고 합니다.

힘이 되어준 다른 학교의 양호교사들

얼마 지나지 않아, 학교 내에서 고립되어 있던 A교사에게는 또다시 고민스러운 문제가 발생합니다.

2학년 ADHD학생의 문제로 상담교사와 의견 대립이 생긴 것입니다. 학교의 상담교사는 문제 학생을 아동청소년전문병원에 입원시키는 것이 좋다고 제안했습니다. 그러나 A교사는 학생이 양호실에서 서서히 안정을 찾아가고 있는 만큼 좀 더 지켜보는 것이 낫겠다고 판단했지요.

상담교사는 해당 학부모에게 연락하여, 자신의 의견을 역설했습니다. 학부모 역시 상담교사의 말을 전적으로 신뢰하여 A교사에게 항의하기 시작했지요. 여기서 그치지 않고 학부모는 교장에게까지 전화를 걸어 A교사가 아이의 치료에 방해가 되고 있다고 주장했습니다. 이에 A교사를 호출한 교장은 "선생님에게도 나름의 생각이 있겠지만, 이런 경우에는 학부모의 의견을 존중하도록 하는 것이 좋아요."라는 말로 설득했습니다.

잇따른 사건들로 인해 다른 교사들이 A교사를 대하는 태도는 점점 더 냉소적이 되었습니다. 어느 날 방과 후, 교무실에 들어가려던 A교사는 "양호실에서 학생들을 오냐오냐 다 받아주는 게 문제야.", "양호실은 게으름 피우는 아이들의 집합소라니까."라는 말을 듣게 되었지요. A교사가 들어오는 것을 보자, 교사들은 머쓱한 듯이 하던 이야기를 딱 멈췄습니다. A교사는 이래저래 정말 마음이 편치 않았습니다.

흔히 말하는 사면초가의 상태가 된 셈입니다. 매일 양호실로 등교하는 학생들이 귀가하고 혼자 남게 되면 A교사는 '내 방식이 잘못된 것일까' 자문자답을 하곤 했습니다. 점점 자신감은 떨어지고, 집중력도 잃어갔지요.

어느 날 아침, A교사는 몸이 무거워 도저히 일어날 수가 없어서 결국 결근하게 되었습니다. 집에 누워 있으면서도 등교거부 학생들이 걱정되어, 쉬어도 쉬는 것 같지 않았습니다. 그래서 다음날 아침에는 피곤한 몸을 이끌고 억지로 출근을 감행했지요. 그러나 이 무렵부터 A교사는 잠도 제대로 못자고 식욕도 잃어 점점 야위어가게 됩니다.

이런 A교사를 구한 것은 다른 학교의 양호교사들이었습니다.

구내(區內)의 양호교원회에 참석했을 때, 전부터 알고 지내던 다른 학교의 양호교사가 A교사의 초췌한 모습에 깜짝 놀라 말을 걸었지요. 회의를 마친 후, 그녀는 다른 양호교사들과 함께하는 식사자리를 마련해 주었습니다. 그곳에서 A교사는 비로소 자신을 이해해주는 사람들을 만나게 되었고, 울면서 자신이 처한 상황을 이야기했지요. 타교의 양호교사들은 A교사의 입장에 충분히 공감하면서 따뜻하게 위로해 주었습니다. 또한 이 중 한 양호교사는 A교사에게 교원전문병원에서 진료를 받아보라고 권유해 주었습니다.

A교사가 추천받은 병원은 교직현장에 대해 숙지하고 있는 의사가 적절한 상담을 병행해 주는 곳이었습니다. 가벼운 약물 치료와 상담 치료를 받는 사이, 마음도 체력도 서서히 회복이 되었지요. 병원에서 치료를 받으면서부터 A교사는 결근 한 번 하지 않고, 완전히 회복할 수 있었습니다.

치료를 받으며 마음의 여유를 찾은 A교사는 다른 교사들과의 문제에 있어서도 한 발 양보하는 마음을 가지게 되었습니다. 이러한 A교사의 태도 때문에 다른 교사들과의 관계도 서서히 개선되기 시작했지요. 등교거부 학생문제로 의견이 충돌한 후 사이가 틀어진 남교사에게도 "제가 좀 고집을 부렸나 봅니다."라는 말로 화해를 청했습니다. 그 후로도 고민이나 문제가 생기면 타교의 양호교사들을 만나 이야기를 나누면서 기분전환을 할 수 있었다고 합니다. 이 일을 계기로 A교사는 다시 한 번 양호교사가 처한 입장의 어려움과 주변 교사들과의 협력에 대한 중요성을 절감했다고 말합니다.

힘들어서 못 다니겠어요 :
걸핏하면 결근하는 Y교사

젊은 교사에게 많이 나타나는 출근거부증후군

최근 젊은 교사들 중에는 심리적인 문제로 출근할 수 없게 되는 사례가 꽤 빈번하게 발생하고 있습니다. 이것은 마치 등교를 거부하는 학생처럼 교사가 학교에 가는 것을 기피하게 되는 상황을 말하는 것입니다.

이렇게 직장에 출근하기를 두려워하는 현상을 총칭하여 '출근거부증후군'이라고 부릅니다. 제 경험으로 보아도, 출근거부증후군은 20대부터 30대 사이의 젊은 교사들에게서 많이 나타납니다. 특히, 사회적 경험이 부족하고 가족과 떨어져 혼자 생활하고 있는 사람들이 이 증후군에 빠지기 쉬운 것 같습니다. 또한, 사회성이 부족하거나 회피 성향이 강한 사람들에게 잘 나타난다는 특징이 있지요.

협의적 의미의 출근거부는 의지적인 거부가 아닙니다. 본인은 출근해야 한다고 생각하는데도 불구하고 도저히 출근이 불가능한 상황이지요.

대부분의 경우, 한밤중에 두통이나 복통, 그리고 구토 증상이 나타나기 시작해 아침까지 지속됩니다. 혹은 열이 나거나 몸이 노곤하여 움직일 수 없고, 밤에는 숙면을 취하지 못해 아침에 일어나지 못하는 등의 증상을 보이기도 합니다.

이러한 신체적 이상이 발생하면 대개는 자신의 몸 상태가 좋지 않으니 쉬어야 한다고 판단하는 것이 일반적입니다. 증상의 원인을 심리적인 문제가 아니라 신체적인 문제 때문이라고 확신하는 탓이지요. 심각한 병은 아닐까 걱정하면서 내과 진료를 받아보기도 하지만, '이상없음'이라는 진단에 이러지도 저러지도 못하는 교사가 적지 않을 것입니다.

이러한 협의적 의미의 출근거부는 '심신증'이나 '신체표현성장애'라고 불리는 병에서 기인한 직장부적응 행동입니다. 학교현장에서 맞닥뜨리는 다양한 문제들을 끌어안고 끙끙 앓기만 하다가 막다른 길에 다다라, 현실로부터 도피하듯이 출근을 기피하게 되는 '마음의 병'입니다. 즉, 정신적 스트레스가 심적 갈등을 초래하여 본인도 의식하지 못하는 사이 신체 증상으로 발현되는 경우입니다.

예를 들어, 담임을 맡고 있는 반의 학생지도가 뜻대로 되지 않는 경우가 있다고 합시다. 동료나 관리직과의 대립으로 사면초가가 된 경우도 있겠지요. 또한, 힘든 업무기한이 코앞으로 다가온 경우도 있을 겁니다. 해내야 하지만 도저히 못할 것 같아 도망치고 싶다는 심리적 갈등이 뒤엉켜서, 무의식적인 차원의 신체 증상으로 발현하는 것이 출근거부의 심리적 메커니즘입니다.

그래서 '오늘은 컨디션이 좋지 않아 쉬고 싶습니다'라고 전화를 하게 되면, 일단은 갈등상황을 회피할 수 있기 때문에 몸의 컨디션이 좋아지는 경우도 종종 있습니다. 그렇기 때문에 꾀병이 아닌데도, 관리직과 동료들의 눈에는 게으름을 피우는 것처럼 비치기도 하지요.

출근거부증후군이 젊은 교사에게서 자주 나타나는 현상은 앞서 기술한 바와 같이 정신적 미성숙과 관련이 있습니다.

젊은 교사들 중에는 일을 완벽하게 처리해야 한다는 생각은 있는 반면, 막상 곤란한 상황에 부딪히면 제대로 대응하지 못하는 이들이 있습니다. 이 간극에서 갈등이 발생하고, 갈등 회피를 위한 심신의 변화가 뒤따라와 결국 출근을 못하게 되는 등 부적응 행동으로 나타나기 쉽습니다.

책임감이 내적 갈등을 억누를 수 있을 만큼 강한 사람이라면 어느 정도 컨디션이 좋지 않아도 어떻게든 출근해야 한다고 생각하므로, 심적 갈등이 발생해도 출근거부증후군처럼 신체적 증상으로까지 발현하지는 않습니다. 실제로 가족과 함께 생활하는 경우에는 그들의 지원을 받아 극복하려고 노력하는 사이에 자연스럽게 컨디션을 회복하고, 다시 출근할 수 있게 되기도 하지요. 그러나 가족과 떨어져 홀로 자취 생활을 하는 젊은 교사들의 경우에는 곁에서 도와주는 사람이 없기 때문에 상대적으로 결근하기도 쉽습니다.

그렇다면 이러한 협의적 의미의 출근거부가 아닌, 광의적 의미의 출근거부는 어떤 것일까요. 광의적 의미의 출근거부로는 우울증이나 정신질환에 의한 경우, 신경증 증상이 나타나는 경우와 혹은 만성질환을 동반한 경우 등을 들 수 있겠지요.

탈진증후군은 학교현장에서 매일 고군분투했음에도 불구하고, 사태가 잘 해결되지 않아 좌절한 경우, 몸과 마음이 지치면서 발생합니다. 신체 증상을 동반한 우울증에 걸리면 출근이 어려워지지요. 이 경우는 협의적 의미의 출근거부인 '병으로의 도피'와는 그 성격이 다릅니다. 최선을 다해 학교 업무에 임했지만 그 결과 '탈진'하여 우울증에 빠지게 되고, 출근하고 싶다는 의지가 있는데도 그러지 못하는 경우이지요.

따라서 출근할 수 없는 모든 경우를 일컬어 '병으로의 도피'라고 결론지어서는 안 된다고 생각합니다. 또는 이와 반대로 출근하지 못하는 모든 교사를 '몸 상태가 좋지 않아서 그런 것이니 어쩔 수 없다'고 간주하는 태도 역시 바람직하지 않겠지요. 각각의 사례에 대해 정확하고 신중한 판단을 내려야 할 것입니다. 필요하다면 전문의에게 상담을 의뢰하는 방법도 중요합니다.

다음으로는 업무에 부담을 느껴 출근할 수 없게 된, 협의적 의미의 출근거부 사례를 보고자 합니다.

갈수록 상대하기 버거워지는 학부모들

Y교사는 27세의 남성으로 중학교 영어교사입니다.

대학교 졸업 후 대기업에 취직했지만, 영업부서에서 매일 할당량을 채워야하는 업무에는 적성이 맞지 않는다는 사실을 깨닫게 되었지요. 그 후 퇴사를 결심하고 지금으로부터 2년 전 교사로 전직하였다고 합니다. 그는 초등학생 때, 해외에서 근무하던 아버지와 함께 외국에서 생활한 덕분에 영어에 능통했습니다. 영어교사로 채용된 것 역시 영어능력을 인정받았기 때문이었습니다.

발령 첫해에 Y교사는 업무에 익숙해지기 위해 적극적으로 노력하였고, 스스로 선택한 교직생활에 큰 보람을 느꼈습니다. 담임을 맡은 학급도 특별한 문제가 없어서 학생지도에 어려움을 느끼지도 않았지요. 독신인 Y교사는 동료들과도 좋은 인간관계를 형성하는 등, 전 직장의 접대업무와 비교하면 훨씬 수월하게 일처리를 해 나가고 있었습니다.

2년 차에 들어선 Y교사는 3학년 담임이 됩니다. 3학년은 고등학교 입시를 앞두고 있는 까닭에 자연스럽게 진로 지도도 겸하게 되었지요.

Y교사가 근무하는 중학교는 자녀 교육에 열성적인 학부모도 있는 반면, 아이의 성적에 거의 무관심한 학부모도 있습니다. 또한 공부보다는 운동이나 예술 분야의 재능을 키워주려는 학부모도 있지요. Y교사는 진로지도를 할 때도 가능하면 학부모의 다양한 요구에 최대한 부응하기 위해 노력했습니다.

Y교사는 영업부에서 근무할 때에 컴퓨터로 기획안을 쓰는 것이 일상이었기 때문에 자료 작성에는 자신이 있었습니다. 매일 늦은 시간까지 진로 관련 자료를 열심히 작성했지요. 그는 표와 그래프를 활용하여 일목요연하게 자료를 정리하는 능력이 매우 뛰어났고, 컴퓨터 작업이 서툰 선배 교사의 분량도 대신 작성해 줄 정도였습니다.

그러나 컴퓨터로 정밀한 문서를 작성하는 일은 어려워하지 않던 Y교사가, 학부모와의 면담에서만은 그렇지 못했습니다. 컴퓨터를 사용하는 작업과는 달리, 인간을 상대하는 일은 생각처럼 되지 않는 경우가 부지기수였지요.

면담이 시작되자마자 학부모를 응대하는 것이 얼마나 어려운 일인지 깨닫게 되었습니다. 마치 자신의 아이에게 하듯이 잔소리를 길게 늘어놓는 학부모가 있는가 하면, 고학력자인 학부모의 경우에는 교사론에 대한 자신의 견해를 길게 피력하기도 했습니다. 그중에는 진로 상담에 관한 이야기를 꺼내려고 해도 흥미를 보이지 않고 잡담만 하다가는 학부모도 있었습니다. 혹은 자기 아이의 성적은 전혀 고려하지 않고 무조건 명문학교에 꼭 합격시켜 달라는 요구를 하는 학부모도 있었지요. Y교사는 전 회사에서 맡았던 영업직과는 또 다른 어려움에 직면하게 되었고, 학부모 전원과의 면담이 끝날 무렵에는 녹초가 되어 버렸습니다.

게다가 3학년 담임은 진로지도에만 전념하면 되는 것도 아닙니다. 당연히 학교의 일반 사무도 병행해야 했지요. 교과지도, 학생지도, 교무분장과 같은 업무 이외에도 교내외 행사 준비까지 일일이 신경 써야 했습니다. 일에 대한 부담이 커지면 커질수록 Y교사의 열정은 점점 식어갔습니다. 도움을 청하고 싶어도 동료 교사들 대부분은 자신보다 연장자인 선배들이었고, 그들 역시 가득 쌓인 업무를 처리하느라 분주했기 때문에 상담을 하거나 불만을 털어놓을 분위기는 아니었던 것입니다.

어중간한 중도복귀보다 적절한 출근훈련을

운동회 준비가 시작될 무렵, 업무에 대한 부담은 정점을 찍었고 Y교사는 결국 쓰러지고 말았습니다.

진로지도 일정상 지원고교를 잠정적으로 결정해야만 하는 시기에 접어들자, '이대로 괜찮을까요?', '공부를 손톱만큼도 하지 않는데 애를 어쩌면 좋을까요.' 같은 전화가 학부모들로부터 쇄도했습니다. 밤늦은 시간까지 학부모의 전화를 받아야 했고, 전화응대를 끝내고 서류정리까지 마치고 나면 Y교사는 한밤중이 되어서야 겨우 잠자리에 들 수 있었지요.

어느 날 아침, 출근을 준비하던 Y교사는 전신에 무기력증을 느끼고 구토증세를 보입니다. 그날은 학교에 연락하여 결근하였지만 그 후에도 아침 출근시간이 되면 자주 구토증상이 나타나곤 하였습니다. 어딘가 큰 병에 걸린 건 아닌지 내심 걱정이 되어 내과를 찾아가 진료를 받기도 했습니다.

그러나 의사의 소견은 아무 이상이 없고, 단순히 '피로에서 오는 증상'이라는 것이었습니다. Y교사는 '피곤해서 그렇다면 무리하지 않는 게 좋겠지'라고 판단하고, 힘들 때는 가끔 지각이나 결근을 했습니다. 학교에 결근한다는 전화를 하고 집에서 쉬고 있노라면 구토증상은 사라지고 컨디션도 괜찮아졌기 때문에, 역시 피곤해서 그랬던 건가 보다고 생각했지요. 교장과 교감도 "병원에서 피로로 인한 구토증상이라고 합니다."라는 Y교사의 말에 "몸이 안 좋아서 그런 거니 어쩔 수 없네요."라고 관대히 이해해 주었습니다.

그런데, Y교사의 컨디션은 좀처럼 개운하게 나아지지 않았습니다.

출근만 하려고 하면 극심한 피로감과 구토 증상이 나타나는 탓에, 연락도 없이 학교에 무단결근하는 날까지 생겼습니다. 독신인 Y교사는 혼자 살고 있어서, 결근을 책망하거나 출근을 재촉하는 가족도 없었습니다. 연락도 없이 결근한 날은 하루 종일 자택인 아파트에서 지냈지요.

어느 날, 걱정을 하던 교감이 Y교사의 집을 방문했습니다. Y교사는 잠옷차림으로 멍하니 TV만 보고 있었습니다. 딱히 누워 있지도 않은 Y교사의 모습을 본 교감은 "반나절이라도 좋으니 출근해 보는 게 어떻겠어요?"라고 권유했고, Y교사 역시 "좀 나아진 것 같으니, 내일은 출근하겠습니다."라고 답했습니다. 그러나 다음 날 아침, 역시 출근시간이 되자 피로감과 구토 증상이 나타나 결국 결근하고 말았지요.

Y교사가 무단결근을 할 때마다 동료들은 Y교사의 업무까지 분담해야 했습니다. 이런 상태를 방치할 수 없다고 우려한 교감은 교장과 의논했고, 교감은 교육위원회에 설치되어 있는 건강상담창구를 방문하여 Y교사의 처우에 대해 상담했습니다. 그 결과, 창구 담당자는 "출근과 결근을 반복하는 것은 근본적인 해결책이 될 수 없으니, 3개월 정도 병가를 주는 것은 어떨까요?"라는 제안을 했습니다. 교장과 교감은 담당자의 조언에 따라 일단은 Y교사가 컨디션을 회복한 후, 출근연습을 진행해보기로 결정했습니다. 그와 동시에 교장은 Y교사에게 교사로서의 책무에 대해 지도하기로 하였습니다.

이윽고 출근연습도 끝나 Y교사는 정상 근무가 가능해졌고, 마침내 복직도 했습니다. 그런데, 그는 복직 후 2개월도 채 지나지 않아 다시 같은 증상을 호소하며 출근 곤란을 겪기 시작했습니다. 이번에도 Y교사는 병원에서 진료를 받아 진단서를 제출하고 몇 주간의 병가를 냈지요.

교장과 교감은 이런 식으로 하다가는 언제까지고 완치가 어렵다는 판단하에 Y교사를 내과가 아닌 교원전문병원으로 옮기기로 했고, 교원전문병원의 담당 의사는 Y교사가 출근 연습을 제대로 할 수 있도록 입원치료를 권했습니다. Y교사 역시 바로 입원하여 매일 병원에서 출근 연습을 하고, 퇴원 후에도 자택에서 장기간 출근연습을 지속했지요. 또한 그는 교사의 책무에 대해서도 충분히 자각하게 되었고, 마침내 무사히 정상적인 출근 궤도에 오를 수 있었습니다.

학부모회가 무서워요 : 출근이 두려운 E교사

부적응 상태에 빠진 젊은 교사를 이해하고 지원하자

최근 '교사들의 등교거부가 증가하고 있다'는 기사를 언론에서 접하게 됩니다. 이 표현은 두말할 필요도 없이 학생들의 등교거부에서 파생된 표현이지만, 교사가 출근을 못하게 된다는 것은 본인뿐만 아니라 학교현장에도 매우 심각한 문제가 아닐 수 없습니다.

그러나 이러한 현상이 반드시 '마음의 병에 걸린 교사들이 증가하고 있다'는 사실과 관련 있는 것이라고 단언하기는 어렵습니다. 이전 사례에서 설명했던 출근거부증후군 역시 어디까지나 직장 부적응에 대한 총칭일 뿐, 다양한 병증을 포함하고 있어 정확한 실태를 파악하기가 쉽지 않기 때문입니다.

문부과학성이 작성한 전국 조사보고서에 따르면, 정신적 질환으로 휴직하는 교사는 꾸준히 증가하고 있는 추세입니다. 2003년의 병가 휴직자 중 정신성 질환으로 휴직한 공립학교 교사는 3,194명으로 역대 최고치를 갱신했습니다. 그러나 이는 빙산의 일각에 불과하며, 앞으로 기술할 실제 상황의 극히 일부에 불과하다는 사실에 유념할 필요가 있습니다. 장기 휴직으로까지 이어지지는 않더라도, 출근거부증후군처럼 근무에 지장을 초래하는 부적응 사례는 학교현장에서 흔히 나타나는 현상입니다.

특히, 어려움에 대한 회피성향이 두드러지는 젊은 교사들의 출근거부 사례는 책임전가풍조가 만연하는 오늘날 사회상으로 볼 때 앞으로 계속 증가하리라고 예상됩니다.

젊은 교사가 출근을 거부하게 되는 까닭은, 앞서 기술한 바와 같이 미숙한 사회성을 주된 원인으로 꼽을 수 있습니다. 젊은 교사들 중에는 사범대학을 우수한 성적으로 졸업한 사람이 적지 않은데요. 이처럼 우수한 학력을 자랑하던 학생이 사회성은 미숙한 채로 교사가 되는 경우, 학교현장에서 좌절하는 경우가 발생하곤 합니다.

특히 교과지도 면에서는 별 문제가 없지만 학생지도 면에서 벽에 부딪히는 예가 대부분을 차지하는데요. 적게는 서른 명, 많게는 마흔 명 남짓한 학생들을 통솔하지 못해 어려움을 느끼곤 합니다. 구체적인 사례로는 수업 시간에 떠드는 학생에게 주의를 주지 못해 수업이 어수선해지는데도, 판서만 하며 수업을 진행하다보니 학생들과 정신적 교류를 갖지 못하는 경우를 들 수 있습니다. 이렇듯 회피적인 성향이나 의존적인 성격 등, 교사 개인의 성격적인 문제로 인해 학생지도에서 좌절을 겪은 후 실패와 곤란이 표면화되면 출근거부증상이 발생합니다. 즉, 출근거부증상이란 사람과의 교류 경험이나 대인관계 기술이 불가결한 교직업무에서 흔히 나타나는 부적응의 전형이라고 할 수 있습니다.

이러한 젊은 교사를 위해 주변인들은 출근연습을 지원해줄 필요가 있습니다. 교사 본인이 스스로 자신감을 상실한 상태라고 판단되면, 무턱대고 출근을 강행하기보다는 계획적으로 휴가를 받아 심신의 안정을 되찾는 단계부터 시작하는 쪽이 좋겠지요.

관리직이나 동료들이 출근 전에 해당 교사를 집으로 데리러 가는 것부터 시작하여, 출근길 동행을 통해 서서히 출근에 익숙해진 교사의 사례도 있습니다. 그리고 앞서 언급했던 Y교사처럼 입원을 한 후, 병원에서의 출근연습을 통해 회복한 사례도 적지 않습니다.

이러한 대처방법에 상당한 인내와 시간이 필요하다는 점이 부담으로 작용할 수도 있겠지만, 교사의 심리상태가 학생들에게 직접적인 영향을 미칠 수 있다는 점을 생각한다면 본인은 물론 그 주변인들도 적극적인 노력을 기울여야만 할 것입니다.

다음은 내성적인 성격으로 인해 학생 지도에 어려움을 겪은 젊은 교사의 사례를 살펴보겠습니다.

학부모회가 교사비판의 장으로

E교사는 24세의 여성으로 이제 갓 부임한 초등학교 교사입니다.

원래 내성적이고 성실한 성격으로 학업성적도 우수했기 때문에 기업에 취직하기보다는 견실한 교사의 업무가 적성에 맞을 것 같아 교직에 뜻을 두게 되었다고 합니다.

가족은 부모님과 고등학교에 다니는 남동생이 있습니다. 아버지는 안정적인 공무원이었기 때문에 E교사는 경제적으로도 크게 부족함 없이 성장했습니다. 그녀는 대학교를 졸업할 때까지 한 번도 혼자 살아본 적이 없었지만, 이번에 부임하게 된 학교가 집에서 2시간 정도 걸리는 거리인지라 임용을 계기로 독립하게 되었지요.

E교사는 부임 2년 차에 3학년 담임이 되었고, 기대와 불안이 뒤섞인 마음으로 교단에 섰습니다.

그런데 학기가 시작된 지 얼마 되지 않아 E교사의 교실이 소란스러워졌습니다. 담임 학급의 학생들이 내성적이고 온순한 E교사의 유약한 성격을 만만히 여겨, 걸핏하면 수업 중에 잡담을 하고 이리저리 돌아다녔기 때문입니다. 자리에서 일어나 돌아다니는 학생에게 주의를 주기라도 하면 오히려 교실은 더욱 소란스러워지기 일쑤여서 E교사는 어떻게 해야 할지 몰라 업무에 점점 자신감을 잃어갔습니다.

교무실에서 어깨를 축 늘어뜨리고 있는 E교사의 모습을 본 동료 교사가 "나도 처음엔 그랬어요."라며 위로의 말을 건네기도 했지만 E교사는 "제가 지도력이 부족해서 그런 거겠지요…."라는 말로 답할 뿐이었습니다. 동료 교사들 중에는 아이들을 지도하는 확실한 방법을 알려 주겠다는 선배 교사도 있었지만, "선생님은 카리스마가 있는 분이시니까 저 같은 사람의 괴로움은 잘 모르실 거예요."라고 거절했다고 합니다.

E교사의 학급은 날이 갈수록 어수선해졌고, 더 이상 수업 진행이 불가능한 날도 점점 늘어갔습니다.

학생들은 이러한 교실상황을 부모들에게 전했고, 급기야 학부모들 사이에서는 E교사의 학급이 붕괴되고 있다는 소문까지 퍼지기 시작합니다. 교장에게는 다수의 학부모들로부터 "도대체 무슨 일이 일어나고 있는 건가요?"라는 항의 전화가 빗발쳤습니다. 교장은 E교사에게 현재 학부모들의 상황을 설명하고, 임시 학부모회의를 개최하게 되었지요.

E교사가 근무하는 초등학교의 학군은 주택밀집지역과 상업밀집지역이 섞여 있어, 달변가인 학부모가 많은 편입니다. 게다가 학부모들은 모두 20대인 E교사보다 연장자였지요. 더욱이 계속된 경제적 불황으로 회사원인 학부모나 장사를 하는 학부모나 할 것 없이 사회적으로 불만이 가득한 분위기였습니다. 요즘 같은 경제 불황에 교사들은 제대로 일하지 않고도 높은 연봉만 챙긴다며 비난을 하는 등, 학부모회는 점점 공무원이나 교사를 비판하는 장으로 변질되는 경우도 있었지요. 이번 학부모회에서도 "E선생님은 도대체 왜 아이들을 제대로 다루지 못하는 건가요?"라는 거센 항의가 쏟아졌고, E교사는 규탄의 대상이 되었습니다.

E교사는 그러한 학부모들 앞에서 변명해 보려고 했지만, 지금까지 살아오면서 이토록 많은 사람들로부터 힐난 받은 경험이 전혀 없었던 까닭에, 입을 벌려도 목소리가 갈라져 말조차 제대로 나오지 않았습니다. 말을 잇지 못하는 E교사를 대신해 동석했던 교장이 "앞으로 동료 교사들과의 협력을 통해서 대처해 나가도록 하겠습니다."라고 설명했지만 학부모들은 "이렇게 신뢰가 가지 않는 선생님에게 우리 아이들을 맡길 수는 없습니다."라며 물러설 기미를 보이지 않았지요. 급기야는 "공립초등학교에서 제대로 교육하지 못하는 선생님을 채용하는 건 세금 낭비 아닌가요?"라는 의견까지 나오기에 이르렀습니다.

자신감 회복을 위한 직장복귀훈련

이 학부모회를 계기로 E교사는 점점 잠을 이룰 수 없게 되었습니다. 아침이 되면 몸이 노곤해지고, 하루 종일 미열이 계속되었지요. 특히 한 주가 시작되는 월요일 아침에는 이불 밖으로 나가는 일이 너무 힘들어, 결근하는 날이 늘어났습니다.

E교사의 결근이 잦아지자, 교무분장이나 학교행사를 분담하는 데서 동료 교사들이 E교사의 몫까지 떠맡아야 하는 경우도 늘었습니다. 그럼에도 불구하고 동료 교사들은 E교사가 태만해서라기보다는, 소심한 성격 탓에 지난번 일까지 겪었으니 어쩔 수 없다고 이해하는 분위기여서 비난의 목소리가 나오지는 않았지요. 그 중에서도 베테랑 양호교사는 E교사를 걱정하여 이런저런 위로를 해주는 등 배려를 아끼지 않았습니다. 그러나 양호교사 자신도, 양호실로 등교하는 등교거부학생들을 돌보는 일에 쫓기다보니, E교사를 붙들고 차분히 상담해 줄 시간을 내기가 말처럼 쉽지 않았습니다.

주말이 되면 E교사는 주로 부모님이 계신 집으로 가곤 했었는데, 그 사건 이후로는 주말이 되어도 자기 집 밖으로는 한 발짝도 나가려 하지 않았습니다. E교사의 어머니는 걱정이 되어 수차례 전화를 걸어 보았지만, 기운 없는 목소리로 "별일 없어."라는 딸의 대답만 들을 수 있을 뿐이었지요. 결국 어머니는 E교사의 아파트로 찾아오게 되었고 초췌해진 딸의 모습에 놀라서는 "도대체 무슨 일이 있었던 거니? 학교 일이 힘든 건 아니니?"라고 계속해서 캐물었습니다. 급기야 어머니는 교장에게 전화를 걸어 "우리 아이에게 무리한 일을 강요하고 있는 건 아닌가요?"라며 암묵적으로 학교체계에 대해 비난하기까지 했지요. 어머니의 이러한 과보호가 E교사를 더욱 더 벼랑으로 내몰았는데도 말입니다.

결근은 더 잦아지고 출근을 해도 E교사는 축 처져 있었습니다. 양호교사는 교장에게 "E선생님을 병원에 보내서, 푹 쉬고 오도록 하는 것은 어떨까요?"라고 제안했습니다. 교장은 E교사에게 우선 단기간의 유급휴가와 정신과 진료를 권유하는 한편, 학부모들이 불필요한 오해를 하지 않도록 E선생님이 몸이 좋지 않아 당분간 쉬기로 했다는 통지문을 내보냈습니다.

정신과 진료와 약물처방을 받은 E교사는 상태가 꽤 호전되었습니다. 그러나 휴가가 끝나고 다시 출근했을 때도, 담당 학급의 학생들이 소란스럽기는 마찬가지였지요.

어느 날 수업 중 교실을 박차고 나가 운동장에서 놀려고 하는 학생을 E교사가 쫓아갑니다. 교정으로 이어진 계단에서 E교사와 학생은 밀치락달치락 몸싸움을 벌였고, 그 순간 학생이 발을 헛디뎌 구르는 바람에 아이의 팔꿈치가 까졌지요.

학생의 상처는 그저 약간 긁힌 정도였습니다. 그러나 해당 학부모는 "이건 체벌이야! 소송할 거야! 위자료를 청구할 줄 알아!"라며 흥분해서 큰 소란을 일으켰지요. 교장과 아이의 상처를 치료한 양호교사는 학부모에게 사고 당시의 상황과 상처를 입게 된 경위에 대해 상세히 설명했습니다. 그러자 해당 학부모는 조금 누그러졌지만 이번에는 다른 학부모들이 들고 일어나기 시작했습니다. 결국 몇몇의 학부모들이 '담임을 교체해주길 바란다'는 내용의 항의문을 직접 교장에게 전달했고, 교장과 교감은 회의 끝에 부득이하게 E교사에게 3개월의 병가를 내주었습니다. E교사가 휴가를 가자 수업은 임시 계약직 강사가, 담임 업무는 교감이 맡게 되었습니다.

본인 스스로도 어찌할 바를 몰랐던 E교사는, 기간이 정해진 휴가를 받았다는 것에 오히려 안도했습니다. 집에서 쉬는 동안 그녀는 자신의 유약한 성격을 이겨내고, 어떻게든 훌륭한 교사가 되고 싶다는 결의를 다졌지요.

관리직의 이러한 배려로 E교사는 두 차례에 걸쳐 휴가를 연장한 후 거의 회복단계에 이르렀습니다. 그러나 수업 진행에 있어서는 완전히 자신감을 상실했기 때문에, 또다시 연말까지 병가를 내게 되었습니다. 이 동안 E교사는 직장복귀훈련의 일환으로 단계적인 재활치료를 받았습니다. 복귀훈련의 최종단계에 들어설 즈음에는 교감과 동료 교사의 도움을 받으며 시범수업을 수차례 반복했지요. 이렇게 E교사는 주위 교사들의 이해와 지원으로 차츰 자신감을 얻어가고 있습니다.

내가 어때서?:
자기중심적 성격으로 결근을 반복하는 H교사

교직생활이 적성에 맞지 않는 교사

교사들에게 나타나는 '마음의 병'을 고찰할 때, 짚고 넘어가야만 하는 문제가 한 가지 있습니다.

그것은 교사로서의 적성과 자질의 문제입니다. 즉, 사회성이나 책임감이 결여되어 있거나, 혹은 극단적인 성격을 가진 이른바 '민폐형 교사'들에 대한 이야기입니다. 이들은 본인도 본인이지만 그보다는 주변 사람들을 힘들게 하기 때문에 곤란한 유형입니다.

앞서 보아온 것처럼, 교사 중에는 최선을 다했지만 좋은 평가는커녕, 탈진하여 출근거부증후군에 걸리는 사례가 있습니다. 출근하려고 나름대로 노력은 하지만, 도저히 그러지 못하는 젊은 교사도 있습니다. 그러나 그중에는 아무리 노력해도 교직 자체가 적성에 맞지 않는 교사도 있지요.

교직이 적성에 맞지 않는 교사가 몸 상태가 나쁘다는 구실로 결근을 하는 것은, 유능하고 성실한 교사가 어떤 트라우마를 계기로 '마음의 병'을 얻게 되는 상황과는 전적으로 다릅니다. 단순히 몸과 마음이 병들어서라기보다도, 근본적으로 교사로서 갖춰야 할 자질과 센스가 부족하기 때문에 발생한 부적응 현상이라고 볼 수 있겠습니다. 이러한 교사가 실제로 학교현장에서 곤란한 상황에 놓이게 되면, 해결책을 모색하려 하기보다는 스트레스 상황에서 도피하는 데만 초점을 맞추기 시작합니다.

이처럼 교사의 적성 문제는 지금까지 우리가 다뤄왔던 '마음의 병'을 고찰하는 것 이상으로 중요한 체크포인트라고 할 수 있습니다.

구 문부성은 1992년 전국 교육위원회를 대상으로 실시한 조사 결과를 발표했습니다. 그 보고서에 따르면, 교내에 '마음의 병이 있거나 적성에 맞지 않는 교원'에 해당자가 있다고 답한 비율이 100%에 달합니다. 또한 95%는 그들로 인해 학교교육활동에 영향을 받고 있다고 답했습니다. 이런 조사보고서를 볼 때, 탈진증후군으로 쓰러진 교사와 과로로 쉴 수밖에 없는 교사를 교직이 적성에 맞지 않아 걸핏하면 결근을 일삼는 교사와 한데 묶어서 '마음의 병이 있는 민폐형 교사'로 동일 취급하는 것은 부적절하다는 생각이 듭니다.

적성에 맞지 않아 학교를 쉬는 행동은 환경요인에 영향을 받은 '마음의 병'이라기보다는 성격상의 문제로 취급해야 할 필요가 있습니다. 즉 '심한 피로감을 느낀다', '의욕이 생기지 않는다', '잠을 못 잔다'처럼 '마음의 병'에 걸린 교사와 같은 증상을 보여도, 명백하게 '마음의 병'이라고 단정 지을 수 없는 경우도 있기 마련입니다. 협의적 의미에 속하는 '마음의 병'인 경우, 약을 처방하거나 카운슬링을 통해 병 그 자체를 치료할 수 있습니다. 그러나 성격은 기본적으로 고치기가 어렵습니다. 정신과 치료를 받아도 좀처럼 가시적인 효과를 기대하기는 어렵고, 애당초 '민폐형 교사'는 병원 진료를 받지 않는 경우가 많지요.

이렇다보니 민폐형 교사에게 휘둘려 이런저런 피해를 입는 쪽은 관리직과 동료 교사들입니다. 또한, 학생들에게까지 여러 가지 피해가 돌아가는 것은 시간문제지요. 학교 차원에서 대처할 방법을 고민하던 관리직이 이러한 교사들을 병원에 데리고 오는 경우가 종종 있지만, 병원에 다닌다고 해서 교사의 태도가 개선되느냐하면 꼭 그렇지도 않습니다. 병원에서 진단서를 발급받아 일정 기간의 휴가를 받으면 해당 교사는 스트레스 상황에서 해방되므로 금세 건강해지곤 합니다. 그래서 직장에 복귀하게 된다 해도 대부분은 또다시 출근과 결근을 반복하게 됩니다.

학교현장이 이러한 민폐형 교사들에게 적절히 대응하기 위해서는 우선 '옳고 그름은 분명히 한다'는 일관된 자세를 표명해야 합니다. 동시에 관리직 주도로 교사가 자신의 직무를 제대로 수행할 수 있도록 이끌어주는 지도체제를 확실히 구축해야 합니다. 엄격한 지도로 인해 교사가 힘들어 하거나, 컨디션이 나빠진다 해도 어쩔 수 없습니다. 교사이기 이전에 사회인으로서의 책무와 관련된 문제이기 때문이지요.

여기서는, 자기중심적인 성격으로 출근과 결근을 반복한 교사의 예를 살펴보려고 합니다.

학생은 나몰라라 수업만 하는 교사

H씨는 28세의 남성으로 중학교 수학교사입니다.

현재 재직 중인 학교는 2년 전에 부임했는데, 졸업 후 첫 발령을 받은 지 얼마 되지 않아 지금의 학교로 전근해 왔습니다. 부모와 같이 지내며, 경제적으로 여유로운 집안에서 외아들로 자라 부모의 과보호 속에 성장했습니다.

H교사는 원래부터 변덕도 심하고 자기중심적인 성격으로, 본인이 좋아하는 일에는 열중하지만 싫어하거나 서툰 일은 피하는 성격이었습니다. 그러나 초등학생 때부터 성적이 우수했고 명문 사범대도 좋은 성적으로 졸업했습니다. 그래서 자신이 담당하고 있는 수학과 교과지도에는 상당한 자신감을 갖고 있는 편입니다.

이처럼 교과지도에 절대적인 자신감을 가지고 있는 H교사는 수업을 자기 마음대로 진행하곤 했습니다. 학생이 이해하는지 못하는지 여부는 거의 신경 쓰지 않았고, 포기한 학생이 멍하게 창밖만 바라보고 있어도 주의조차 주지 않았습니다. 독자적인 수업 내용에 자기 자신이 푹 빠져있는 것 같았지요.

현재 그가 재직 중인 학교가 있는 지역은 작은 공장을 운영하거나 자영업을 하는 가정이 많았고, 학부모들이 교육에 대해 그다지 열의가 있는 편도 아니었습니다. 오히려 계속된 경기불황 때문에 학부모들은 자신들의 일과 생활을 꾸려나가기에 급급할 뿐이었습니다. 이런 이유로 H교사의 지도방법에 불만이나 비판을 제기하는 학부모는 거의 없었습니다. 이런 주변 상황에 H교사는 '옳다구나' 싶어 수업에서 낙오하는 학생이 있어도 전혀 신경을 쓰지 않았습니다.

어느 날, 수학 시험지를 우연히 보게 된 동료 교사가 백지나 다름없는 답안지가 몇 장이나 되는 것을 보고 놀라 "수업내용을 전혀 이해하지 못하고 있는 학생이 있는 것 같은데요…."라고 말을 건넸습니다. H교사는 "레벨이 낮은 학생을 제가 어쩌겠어요."라고 대수롭지 않다는 식으로 대답했습니다.

이런 H교사다 보니, 당연히 동료 교사들 사이에서도 평가가 좋을 리가 없었지요.

교과그룹회의에서도 자신의 주장만 할 뿐, 다른 교사의 의견에는 귀를 기울일 생각도 하지 않았지요. 다른 수학 교사가 "잘하는 학생도 중요하지만 포기한 학생도 수업을 들을 수 있도록 해야 합니다. 이런 식으로 수업을 해보면 어떨까요?"라고 제안해도 "그런 애들에게까지 맞춰주다보면 질 높은 수업은 불가능해요."라며 한마디로 거절해버렸습니다.

H교사는 교무분담도 거의 하지 않았고, 서류 정리도 자기 맘대로 대충 처리해버리곤 했습니다. 학교 행사는 자기가 재미있어 보이는 것에만 성의를 보이고, 이마저도 제대로 돌아가지 않는다 싶으면 도중에 다른 교사에게 떠넘겨버리기 일쑤였습니다.

수학여행을 앞두자 동료 교사들이 이런저런 준비에 쫓겨 바쁜 와중에도 H교사는 전혀 도울 생각이 없어 보였습니다. 결국 참다못한 동료 B교사가 대놓고 "학교 일에 협조 좀 하세요!"라고 주의를 주자, 화가 난 H교사는 다른 교사들에게 B교사의 험담을 마구 퍼뜨리기 시작했습니다. 그뿐만 아니라 고의적으로 B교사를 비판하는 서류를 작성하여 교육위원회에 제출하기까지 했지요. 교육위원회는 해당 문서의 진위 여부를 확인하기 위해 교장선생님을 호출하기에 이릅니다.

교무실의 분위기는 험악해졌고, 고민 끝에 교장은 H교사와 차분히 이야기할 시간을 가졌습니다. 그리고는 "다른 선생님들도 모두 바쁘지만 업무 분장을 하고 있어요. 선생님이 교과지도에 열심인 것은 알지만, 이런저런 학교 업무도 좀 맡아주었으면 좋겠습니다. 다른 교사들과도 협력하길 바라고요."라며 의견을 제시했습니다. 그러나 H교사는 교장의 말은 들으려고도 하지 않은 채, 오히려 관리직들에게 지도력이 없다며 비판할 뿐이었습니다.

자신이 피해자라고 호소하는 교사

상황이 이렇다보니 관리직도 손을 놔버리게 되었고 되도록 H교사와는 부딪히지 않으려고 했습니다. 직장에서 고립된 H교사는 '나는 잘못한 게 없는데, 왜 교장이나 다른 교사들이 나를 비난할까?'라고 생각했습니다.

쉬는 시간이 되어도 동료 교사들은 H교사에게 말조차 걸지 않았습니다. 그러나 그는 반성하기는커녕 '직장 분위기가 최악이라 피곤하다'는 이유로 걸핏하면 지각과 결근을 반복하기 시작했습니다. 사실 H교사는 전 학교에서도 비슷한 일을 겪은 후, 결근이 잦아져 전근신청을 내고 지금의 학교로 부임한 속사정이 있습니다.

관리직과 동료에게 많은 스트레스를 받았다고 생각한 H교사는 근처의 정신과 병원에서 진료를 받았습니다.

그곳의 담당 의사에게 "저는 직장에서 심하게 따돌림을 당하고 있습니다. 매일매일이 우울하고 아무 의욕도 없어요. 당분간은 쉬고 싶어요." 같은 말로 자신이 '피해자'라고 주장했습니다. H교사의 말을 곧이곧대로 받아들인 의사는 상황을 객관적으로 확인해 보지도 않은 채 교장에게 연락을 취해 '2주간의 휴가를 필요로 한다'는 진단을 전했습니다. H교사의 말만 듣고 안이하게 진단서를 발급했던 것이지요.

집에서 휴양을 시작한 H교사의 상태는 바로 좋아졌습니다. 그러나 2주의 휴가가 끝나고 출근하게 되자 또 컨디션이 나빠졌고, H교사는 의사에게 다시 진단서를 발급받아 휴가를 신청합니다. 그 후, H교사는 단기간의 병가와 복직을 수차례 반복하게 되었습니다.

교장과 교감은 도저히 이 상황을 간과할 수 없어서 H교사의 담당 의사에게 면담을 요청했고, 교감이 의사에게 H교사의 문제점과 현재 학교의 상황을 설명하기 위해 병원을 방문했습니다. 그러나 담당 의사는 교감의 말에 단호하게, "환자의 고통을 줄여주는 것이 저의 일입니다. 또한 환자의 사생활과 관련되는 부분에 대해서는 더 이상 언급할 수 없습니다. 죄송합니다."라는 대답만 반복하며 전혀 대화에 응하려 하지 않았지요.

교감은 이러한 상황에 대해 교장과 상의한 후, 교육위원회의 상담창구를 이용해 보기로 했습니다. 상담창구의 담당자는 교감에게 "이 경우는 담당 의사에게도 문제가 있으니 교원전문(職域)병원으로 옮겨 보면 어떨까요?"라고 권유합니다. 교장과 교감의 설득 끝에 H교사는 마지못해 교원전문병원의 신경정신과를 방문했습니다. 이번에 바뀐 담당 의사는 H교사의 입장에만 서거나 H교사가 듣기 좋은 이야기만 하지는 않았습니다. 담당 의사는 교장과 H교사의 의견을 수용하고 존중하며 치료를 진행해 나갔습니다.

H교사는 담당 의사의 판단하에 연말까지 약 7개월의 병가를 받아, 본격적인 복직준비를 하기로 했습니다. 휴가 기간 중, 교장은 H교사에게 "시험 출근도 시작하고, 복직을 위해 각오를 다지며 준비해보도록 합시다."라고 권유했지만 H교사는 어떤 이유에서인지 복직 준비를 거부했습니다.

자택에서 쉬면서 계속 통원치료도 받았지만 H교사의 태도는 쉽게 개선되지 않았습니다. 이대로라면 복직 시점도 불투명해질 수밖에 없습니다. 그러던 어느 날, 지금까지는 아들의 일에 어떤 간섭도 하지 않던 H교사의 아버지가 갑자기 "넌 학교 선생이 맞지 않는 것 같다. 어차피 이렇게 된 거 다른 직업을 찾아보는 게 어떻겠니?"라는 의견을 내놓았습니다. '난 잘못한 게 없어!'라고만 줄곧 주장하던 H교사였지만, 결국은 아버지의 말을 따르게 되었지요.

이후 H교사는 퇴직을 결심하고 사직서를 제출했습니다. 교사가 적성에 맞지는 않았지만 특기를 살려 내년부터는 유명한 입시학원에서 이과 과정의 강사로 근무한다고 합니다.

샌드위치증후군을 아시나요?:
교장과 교사 사이에 낀 O교감

샌드위치가 된 교감의 고충

지금까지는 일반교사와 양호교사들에게 발생하는 '마음의 병'이나 업무상의 고충에 대해 기술했습니다.

학교조직은 일반교사와 양호교사 위에 관리직인 교장과 교감이 존재합니다. 그렇다면 이러한 관리직들은 '마음의 병'에서 자유로운가 하면, 역시 그렇지만은 않습니다. 교육현장에서 가장 큰 책임을 맡고 있는 학교의 관리직들이 '마음의 병'에 걸리는 사례도 일반교사의 경우와 비교해볼 때 결코 적지 않습니다.

일반교사에서 교감으로 승진한 지 얼마 되지 않은 시기에는, 환경적 요인으로 인해 곤경에 처하기 쉽습니다. 오히려 40~50대 교사의 '마음의 병'은 이런 승진에 따른 우울상태 내지는 심신증[02]으로 다수 나타나지요.

---

02 심리적인 스트레스(욕구불만을 근거로 하여 일어나는 심리적 긴장상태)가 하나의 계기가 되어 일어나는 신체의 질환.

그중에서도 교감으로 승진한지 얼마 안 되는 교원에게서 흔히 나타나는 전형적인 현상이 바로 '샌드위치증후군'입니다.

샌드위치증후군은 어떤 상황에서 주로 발생할까요.

간단히 말하면, 윗사람과 아랫사람의 틈에 끼어서 '마음의 병'을 얻는 경우를 말합니다. 즉, 교감이라는 직위는 교육위원회와 교장 그리고 교사 사이에서 이러지도 못하고 저러지도 못해 우울증과 같은 '마음의 병'을 얻기 쉽다는 것이지요. 일반 기업에서는 중간관리직이 상사와 부하 직원 사이에 끼어있는 구조일 때 비슷한 사례가 발생하곤 합니다.

이런 샌드위치증후군이 학교 관리직에게 흔히 나타나는 데는 학교가 일반 기업처럼 수직구조의 조직이 아니고 수평구조의 조직이라는 데에 그 요인이 있습니다.

현장의 교사들은 연령별로 차이는 있겠지만, 기본적으로 일반교사라는 지위는 동등합니다. 관리직이라고 일컬어지는 직위는 교장과 교감뿐이지요. 일반기업을 예로 들면, 지휘체계가 일원화된 수직구조의 조직인 까닭에 각 부서의 관리직이나 사원들은 자신들의 위치를 파악하기 쉽고, 그에 따라 각자의 지위에 적합한 직무에 집중하기도 수월합니다. 그러므로 승진을 해도 업무의 질적인 면에서는 큰 차이가 없지요. 그러나 학교조직의 관리직은 소수에 불과하기 때문에, 승진은 업무영역과 교사 본인의 입장 면에서 상당한 변화를 동반합니다.

위에 설명했듯 학교조직 내에서 일반교사 업무를 계속해오던 사람이 관리직인 교감으로 승진하면 업무내용이 180도 달라지기 마련입니다. 게다가, 교감으로 승진하면서 보통은 다른 학교로 이동하게 되니 그야말로 완전히 새로운 환경에서 그동안과는 전혀 다른 업무를 맡게 되는 것이지요. 여기에 교육위원회나 교장 그리고 교사들 사이에 끼어 업무뿐만 아니라 인간관계를 조정하는 역할까지 해야 하니 교감직이 스트레스에 시달릴 수밖에 없는 것은 어쩌면 당연한 일입니다.

관리직이 되는 교사들은 본디 책임감이 강하며 승진지향형의 사람인 경우가 많습니다. 현재와 같이 복잡한 교육환경에서는, 교육위원회의 지도와 대립되는 현장 교사들의 주장 사이에서 고충을 겪는 교감이 적지 않습니다. 만약 교장과의 관계까지 원만하지 못하다면, 샌드위치처럼 양자 사이에 끼여 옴짝달싹 못하는 상태가 되어버리지요.

이렇게 힘든 상황에 처해도 통원치료와 약까지 복용하며 맡은 업무에 최선을 다하려는 교감들이 적지 않습니다. 그러나 한편으로는 조직에 민폐를 끼칠 수 없다는 생각에 퇴직하거나, 스스로 일반교사로의 복귀신청서를 제출하는 경우도 이제 더 이상 특별한 사례가 아니라는 사실을 인식해야 합니다.

그렇다면, 여기서는 교장과 교사집단 사이에서 고민하는 교감의 실례를 살펴보겠습니다.

교육방침과 학교운영을 둘러싼 관리직과 교사 간의 대립

O교감은 48세의 여성으로 초등학교 교감으로 근무 중입니다.

사범대학을 졸업한 후, 줄곧 초등학교 교사로 근무해 왔지요. 일에 열정적이고 배려심도 많은데다, 주위 사람들로부터 신망도 두터운 편이어서 젊은 교사들이 존경해 마지않는 베테랑 교사였습니다. 학부모들의 평판도 좋아서, 어머니들은 O선생님이라면 안심이라고 입을 모아 말할 정도였으니까요. 가족으로는 회사원인 남편과 고등학교와 중학교에 다니는 아들이 둘 있습니다. 직장에서의 인간관계는 물론 가정생활도 원만했기 때문에 젊은 여교사들에게는 동경의 대상인 선배이기도 했지요.

주변 사람들은 이런 O교사에게 관리직으로 승진하기를 적극 추천했습니다. 그래서 O교사는 2년 전 교감자격시험에 응시, 합격하여 지금의 학교로 전근을 오게 되었습니다.

그런데 O교감에게 이 승진은 상상도 못한 시련이 되어버렸습니다.

O교감이 현재 근무하는 초등학교는 교육열이 무척 높은 지역이어서 학부모들이 교내 활동에 활발하게 참가하는 편입니다. 학부모들 사이에는 몇 개의 그룹이 존재했고, 이들은 그룹별로 모은 여러 정보를 교환하곤 했지요. 저학년 학부모들은 대개 아이들의 학습법이나 학원에 대해, 고학년 학부모들은 대개 국립·사립중학교의 입시에 관한 정보를 나누고 있었습니다. 이로 인해 과거, 명문중학교 합격생이 적었던 해에는 학부모들의 불만과 비판이 쇄도한 적도 있었다고 합니다.

이런 초등학교에 관리직으로 처음 부임해 온 O교감은 어떤 업무를 어디서부터 시작해야 할지 알 수 없어 어리둥절할 뿐이었습니다.

O교감에게는 학습지도요령이나 학교운영방식에 대한 학부모들의 요구사항과 불만사항이 끊임없이 접수되었지요. 어느 학부모그룹은 '명문중학교 진학을 목표로 수업을 해달라'고 요구했고, 또 어느 학부모그룹은 '요즘에는 국제적 감각이 필요하니 영어교육에 힘써달라'는 요구하기도 했습니다. 또 다른 그룹에서는 '다른 초등학교는 컴퓨터

를 몇 대나 들여놨다는데 우리 학교는 어떻게 된 건가요?'라며 인근 초등학교와 비교해가며 추궁하기도 했지요.

여러 가지 학교행사 준비와 개최 등으로 정신이 없을 때에는 학부모에게 응대할 시간을 내기 어려울 때도 있기 마련인데, 대충 대답하거나 적당히 대하면 바로 교육위원회에 불만을 토로하는 학부모들도 적지 않았습니다. O교감은 이런 학부모들의 전화와 면담에 온종일 시달리고, 집에 돌아가서는 각종 보고서와 같은 문서 작업을 끝마치느라 밤늦게까지 업무를 해야 하는 경우가 비일비재했지요. 한밤중에 책상 앞에 앉아 있자면 몸도 마음도 피곤했지만, 관리직 업무라 누가 대신해 줄 수도 없으니 그녀는 졸음을 참아가며 잔업에 몰두하곤 했습니다.

본래 O교감은 교사의 본분이란 항상 아이들과 같이하며 좋은 인성을 기르는 것이라고 생각해왔던 만큼, 교감이 된 후로는 관리직이라는 직급이 자신에게 맞지 않는 것이 아닐까 하는 고민을 하기 시작했다고 합니다. 그러나 이런 고민을 내색할 여유는커녕, 코앞에 닥친 일을 처리해내는 것만으로도 O교감의 24시간은 벅찼습니다.

관리직에게는 외부 조력자가 필요하다

무엇보다 O교감의 가장 큰 걱정거리는 관리직과 교사들 간의 대립이었습니다.

현재의 학교에서는 예전부터 교육방침과 학교운영을 둘러싸고 관리직과 교사들 사이에 종종 분쟁이 있어왔다고 합니다. 전임 교감도 관리직과 교사집단의 잦은 충돌에 시달리다 건강이 나빠져 입원한 적이 있었을 정도였으니까요.

직원회의에서 O교감이 교육위원회의 방침을 전달하면, 어김없이 여러 교사들로부터 반대 의견이 쏟아집니다. "교육위원회는 현장을 이해하지 못하고 있어요", "그런 방침을 지키라고 하는 것은 도저히 무리라고요", "아니, 문제는 문부성의 시책이죠" 등등 온갖 주장이 쏟아져 나오고 의견이 뒤엉키니 회의를 진행하기가 어려울 지경이었지요.

각 학교의 관리직은 교육위원회의 결정에 따라야만 합니다. 그리고 교장의 지시를 받아 실제로 교사들에게 실행시키는 일은 교감의 몫이었지요. 교장은 O교감에게 '교육위원회의 방침을 따르지 않는 교사에게는 주의를 주라'고 지시했고, 지시를 따른 O교감이 해당 교사에게 주의를 주었더니 그 몇 배나 되는 반론이 돌아왔습니다. 흔히 말하는 샌드위치처럼 위와 아래, 양쪽에 끼여 꼼짝할 수가 없었지요. 결국 O교감은 매일매일이 우울한데다 기력도 나지 않았고, 밤에는 잠도 이룰 수 없을 지경이 되었습니다. 특히 직원회의 전날에는 날이 밝도록 잠들지 못하거나, 뜬눈으로 잠자리에서 뒤척이기를 반복했습니다.

O교감은 이런 상황을 어떻게든 타개해 보려고 교장과 차분히 상담해 보려고 했지만 교육위원회와 같은 입장을 고수하는 교장은 "지금은 좀 바쁜데요."라며 그녀의 요청에 제대로 응해주지 않았습니다. 그래서 O교감은 교사들에게 "의견이 있으면 교장선생님께 직접 말씀해 보세요."라고 제안하기에 이릅니다. 그러나 교원의 근무태도를 평가하는 인사고과제도가 도입된 이후로, 교사들은 자신들을 평가하는 교장과는 직접 대립하기를 피하는 상황이었습니다. 그러니 교사들의 불

만과 비판은 O교감에게로 향할 뿐이었지요.

교장과 연대하지 못하고, 교사들의 협력도 얻지 못한 O교감은 교무실에서 항상 고독감에 휩싸여 있었습니다. 교장은 교장실이라는 자신만의 공간이 있지만, 교감의 자리는 교무실 한가운데에 있지요. 그녀는 매일매일 교사들에게 둘러싸여 있으면서도 관리직이라는 이유로 직장에서는 상담할 상대조차 없었습니다. 예전에는 남편에게 자주 학교에서의 고민이나 불만을 털어놓았지만 중견 유통기업의 임원으로 근무하는 남편 역시 길어지는 경제 불황 탓에 회사가 어려워지고 있어서, 자신의 고민이나 불만을 이야기하기도 어려웠습니다. 괴로운 마음을 해소할 곳도 없고, 밤이 되면 몸은 피곤했지만 잠들 수 없는 날이 늘어갔습니다.

O교감은 고민 끝에, 전에 근무했던 학교의 교장에게 연락하기로 마음을 먹었습니다. 그 교장은 O교감이 전 학교에서 있을 때, 같은 대학 출신인데다 신뢰하던 상사이기도 해서 과거에도 자주 상담을 하곤 했었습니다.

O교감은 전 학교의 교장을 만나자마자 단숨에 자신의 고민을 털어놓았습니다. 그녀는 자신의 경험담을 이야기하면서 따뜻하게 응대해 주었지요. 또한 숙면을 취할 수 없다면, 정신과를 찾아 처방을 받는 것이 좋겠다고 조언해 주었습니다.

그녀가 조언한 대로 O교감은 곧바로 병원을 찾아갔고, 경미한 우울증 증세라는 진단을 받아 약을 처방받았습니다. 신뢰할 수 있는 상대로부터 위로를 받기도 했고, 약을 복용해서인지 O교감은 푹 잠들 수도 있게 되었지요. 신체적 피곤함이 서서히 줄어드니, 곤란한 상황들에 하나하나 대처해 나갈 기력도 생기기 시작했지요.

3개월 정도의 통원치료를 거쳐 O교감은 드디어 건강을 완전히 회복했습니다. '교감이라는 직책은 원래 이런 거야. 서로간의 입장을 조정하는 역할에 최선을 다해보자. 또 어려운 일이 생기면 선배에게 조언을 구해보지 뭐.' 하는 마음으로 자신의 기분을 정리할 수 있었던 까닭이지요. 변함없이 바쁜 나날이었지만, 힘들기만 하던 바쁜 일상이 충실함을 느끼는 쪽으로 변해가고 있었습니다.

내 편이 없어요 : 문제교사 때문에 녹초가 된 I교장

교사의 마음건강까지 살펴야 하는 관리직

학교현장에서 관리직은 교사의 몸과 마음의 건강을 돌봐야 할 책임이 있습니다. 동시에 자기 자신의 건강도 항상 염두에 두어야만 하지요. 관리직과 교사들의 심신이 건강해야만 학생들의 교육에 최선을 다할 수 있기 때문입니다.

그러나 학교에는 심신에 이상신호가 나타나는 교사가 있기 마련입니다. 이런 경우 관리직이 어떻게 대응하느냐가 매우 중요한데, 관리직의 대응법에 따라 해당 교사의 증상이 더욱 악화되기도 하고, 적절한 대처로 우수한 교사를 구하는 경우도 있습니다. 앞서 서술했듯이 교직이 적성에 맞지 않는 교사에게는 엄격한 지도를 하는 일도 필요하겠지요.

'마음의 병'에 걸린 교사를 발견했을 때 관리직이 어떻게 대응해야 하는지를 살펴보면 대략 다음과 같이 정리할 수 있습니다.

첫째, 교사의 변화를 정확하게 파악해야 합니다. 스트레스로 인해 심리적 피로가 누적되어 있거나, 병증의 조짐을 알아채기 위해서는 평상시부터 '마음의 병'에 대한 지식을 염두에 두고 교사들과 접촉하는 것이 중요합니다. 단, 이상신호를 감지했다고 해서 성급히 대처하기보다는 일정 기간 동안 그 상태가 지속되는지 확인한 후에 대응책을 강구하는 신중한 자세가 중요하겠지요.

둘째, 교사와의 대화 방식에 주의를 기울여야 합니다. 이상조짐이 나타나기 시작한 교사가 말을 꺼내기 쉽도록, 관리자는 이야기에 최대한 귀를 기울이는 '경청'의 자세를 가져야 합니다. 관리직으로서, 상담자로서 내담자의 이야기를 충분히 들은 후 지원하고 격려하는 것이 중요하지요. 교사가 관리직에게 얼마나 마음을 여느냐는 평상시의 심리적 거리에 따라 달라질 수밖에 없습니다. 평소에 접할 기회가 거의 없어 거리감을 느끼는 경우라면, 무리하게 대화를 강요하기보다는 해당 교사와 친한 동료를 통해 문제에 접근하는 등의 방법으로 대응할 필요가 있겠지요. 어떤 방식을 선택하더라도 교사의 고민에 대해서 갑자기 충고하려 하거나 격려하려 하지 않는 것이 좋습니다.

셋째, 해당 교사에게 정신건강에 관련된 상담센터나 의료기관 등 전문기관을 소개하거나 그곳으로부터 도움을 받을 수 있도록 해야 합니다. 직장 내의 대응만으로는 해결이 어렵다고 판단되거나 정말 병인지 아닌지조차 파악하기 힘든 경우에는 여러 상담창구를 활용해야 하겠지요. 이런 경우, 해당 교사가 상담을 사양하거나 거절하는 경우가 생길 수도 있습니다. 우울증 증세를 가진 교사들 중에는 '주위에 민폐를 끼치고 싶지 않아서' 진료를 사양하기도 하고, 본인이 우울증에 걸렸다는 자각이 없는 경우여서 상담을 거절하기도 합니다. 이럴 때에는 관리직의 강한 지시와 능숙한 설득이 필요합니다.

마지막으로, 통원치료와 복귀하기 전의 대응에 관한 것입니다. 교사가 병가를 낸 경우 본인뿐만 아니라 담당 의사와의 밀접한 연대가 중요합니다. 동시에 동료 교사들의 이해와 협조도 구해야 하지요. 상황에 따라서는 학생과 학부모에게도 상황을 공개해야 할 것입니다. 지금까지 필자의 진료경험을 통해 조언하자면, 담당 의사와의 연대는 해당 교사의 미래를 결정한다고 해도 과언이 아닙니다. 관리직은 진단서만 발급받으면 된다는 마음가짐이 아니라, 주변과의 지속적인 협력을 모색하는 태도를 가졌으면 합니다.

교사의 마음건강을 지키기 위해서는 위에 열거한 사항들을 주의하는 것으로 '마음의 병'을 예방하는 일은 물론 병이 악화되는 사태도 막을 수 있을 것입니다.

그러나 교사 중에는 교직이 적성에 맞지 않는 사람도 있기 마련입니다. 이런 교사를 대하면서 올바른 방향을 찾으려 고심하는 사례에서는 오히려 관리직의 몸과 마음에 이상증세가 나타나기도 하지요. 관리직 업무에 충실한 사람들 대부분이 책임감이나 스트레스 내성도 강하기 때문에, 소수의 '민폐형 교사'가 있어도 인내심을 갖고 대처하려고 하는 편입니다. 스스로 병원 진료를 받으면서, '불만을 말할 수 있는 곳은 이곳밖에 없다'며 진찰실에서 자신의 고충을 토로하는 관리직도 상당수에 이릅니다.

그러면 지금부터는 가족과 떨어져 새 학교에 홀로 부임한 상황에서 자질이 부족한 교사를 지도하는 일까지 겹쳐 '마음의 병'을 얻게 된 교장의 예를 살펴보기로 합시다.

주민들의 감시를 받는 시골학교의 교장

I교장은 54세의 남성으로 초등학교에 재직 중입니다.

대학 졸업 후, 20년 이상 초등학교 교사로 근무하다 48세에 관리직이 되었지요. 6년간의 교감 생활을 거쳐, 올해부터 교장으로 승진하여 지금의 학교에 부임했습니다.

일반교사로 일하던 시절에도 I교장은 성실하고 꾸준하게 직무에 임하였고, 학생지도나 교과지도에 있어서도 문제를 일으킨 적이 없었다고 합니다. 교감으로 일할 때도 교장의 보좌역할을 충실히 수행하여 신뢰를 얻었지요. 그렇게 마침내 교장이 되었고, 그는 더욱 새로운 결의로 업무에 임할 각오를 다지고 있었습니다.

그러나 단 한 가지 마음에 걸리는 점이 있었는데요. 새로 발령을 받은 학교가 집에서 멀리 떨어진 지역에 있는 까닭에, 가족과 떨어져 혼자 살 수밖에 없다는 문제였습니다. 큰딸은 이미 취직한 상태라 별 걱정이 없었지만, 함께 거주중인 I교장의 노모는 고령에 병환이 있었고, 부인이 시어머니를 모셔야 하니 노모와 부인 모두 I교장과 함께 이사를 할 수는 없었던 것이지요. 지금까지 일밖에 모르는 인생을 살아왔던 I교장은 학교 업무를 제외한다면, 식사를 비롯하여 생활에 관련된 모든 일을 전적으로 아내에게 의존해 왔습니다. 세탁기 사용법조차 몰랐을 정도니 새로운 독립생활에 걱정이 앞설 수밖에 없었지요. 그렇지만, 어머니를 요양시설에 보내고 싶지 않았기 때문에 어떻게 해서든 혼자서 지내보겠다고 마음을 굳게 먹고, 새 학기를 맞이했습니다.

교장직을 수행하는 것은 생각했던 것 이상으로 어려운 일이었습니다.

그가 새로 부임한 학교는 출산율 저하와 주민 이동으로 인해 학생수가 격감한 작은 초등학교였습니다. 관리직 업무 자체는 교감 시절의 경험도 있고 해서 큰 부담이 되지는 않았습니다. 교감도 협조적이어서 특별한 문제가 없었지요. 그러나 비교적 도심지에 위치했던 전임 학교와는 달리 지금의 학교는 지방의 산골마을에 위치한 소규모 학교여서, 지역주민이나 학부모들의 주목을 한눈에 받고 있었습니다. 이 선생님은 감기에 걸려 결근했다더라, 저 선생님은 운전하다 사고를 냈다더라, 그 선생님은 이번에 결혼한다더라 등과 같은 사소한 이야기까지도 주민 전원이 알고 있는 환경이었습니다. 교장의 입장에서 지역사회에 대응하는 일은 첫 경험인지라, 긴장을 늦출 수 없는 하루하루였습니다.

작은 학교는 교사의 업무 부담이 과다할 수밖에 없습니다.

I교장이 근무하는 초등학교는 각 학년 당 한 학급밖에 없어서, 일반교사로는 각 학년의 담임교사 6명과 예체능교사 한 명이 전부였습니다. 이렇다보니 통상적인 학습지도를 포함하여 여러 가지 교무분장, 서류작성, 기타 잡무 등의 몇 가지 업무를 한 사람이 담당해야 했지요. 게다가 운동회, 학예회, 수학여행 같은 학교행사 역시 교사가 많은 다른 학교와 똑같이 실시하니 당연히 업무량은 많아지고 교사들은 늘 피곤에 찌들어 있었습니다.

이런 와중에도 I교장은 지역주민과 학부모 모두에게 성실히 응대하면서 학교운영에도 최선을 다했습니다. 1학기까지는 이렇다 할 문제도 없었고, 교장 업무도 비교적 잘 마무리했지요. 여름방학에는 가족이 기다리는 집으로 돌아가, 며칠간이긴 했지만 간만에 느긋하게 쉴 수도 있었습니다.

그러나 2학기가 되고 행사가 많아지자, 학교는 눈코 뜰 새 없이 바빠지기 시작했습니다.

2학년을 맡고 있는 C교사가 몸이 좋지 않다는 이유로 학교를 쉬는 일이 자주 생기기 시작했습니다. C교사는 20대 후반의 젊은 남교사로, 2년 전에 부임해 왔습니다. 내심 이런 변두리 소도시의 학교로 전근 오게 된 것에 불만을 가지고 있었고, 1개월에 한 번꼴로 복통이나 두통을 이유로 결근을 하곤 했지요.

그러나 최근 들어서는 사흘을 출근하면 하루를 쉬고, 나흘을 출근하면 이틀을 쉬는 식의 패턴이 반복되고 있었습니다. 이렇게 C교사가 결근한 날이면 교감이 대신 수업을 하고, C교사가 해야 할 업무는 동료들이 대신 떠맡아야 했습니다.

얼마 지나지 않아 C교사는 무단결근까지 일삼게 되었지요. 이 일은 눈 깜짝할 사이에 학부모들 사이에 퍼졌고, I교장을 향한 불만의 목소리는 거세지기 시작했습니다.

교장과 교감은 교사 건강의 파수꾼

I교장은 사태를 우려하여 결근한 채 쉬고 있는 C교사에게 연락을 했습니다. I교장이 "몸 상태는 좀 어때요? 병원에는 다녀왔나요?"라고 묻자, "내과에 다녀왔는데, 특별히 나쁜 곳은 없다고 합니다. 그저 피로가 누적되어서 그런 것 같다네요."라고 답했습니다. I교장은 "몸이 이상이 있는 것도 아닌데 계속해서 컨디션이 좋지 않은 것은, 정신

적으로 피곤해서 그럴 수도 있어요. 정신과에 가서 진료를 한번 받아 보는 게 어때요?"라고 제안했지요. 그 말을 듣자마자 C교사는 욱해서 "그렇게 과로하는데 안 피곤하면 오히려 이상한 거지요. 저는 그저 피곤한 것뿐이고, '마음의 병' 같은 게 아닙니다. 정신과 진료까지 받을 필요는 없습니다!"라고 답한 후 전화를 일방적으로 끊어버렸습니다.

그로부터 며칠 후 정기 학부모회의가 개최되었습니다. 출근한 C교사는 그 자리에서 자신이 얼마나 과중한 업무에 시달리는지를 피력하면서, 이 때문에 건강이 나빠져 가끔씩 피치 못하게 결근을 할 수밖에 없었다고 그럴 듯한 말로 학부모들에게 변명하기 시작했습니다. 게다가 본인은 그저 피곤한 것뿐인데, 새로 부임한 I교장은 그런 자신을 정신병자로 취급하고 있다며 괴로움을 호소했지요. 학부모들은 C교사의 말을 곧이곧대로 믿어버렸습니다.

C교사의 문제는 점점 더 복잡해지기 시작했습니다. 학부모들 사이에는 '새로 부임한 I교장과 C교사는 사이가 좋지 않다'는 소문이 돌았지요. 다른 교사들은 자기 앞가림하기에도 정신이 없었고, 논란에 휩싸이고 싶지 않아 시종일관 무관심한 태도를 취했습니다. 교감이 소문을 잠재우기 위해 학부모들 중 지역의 유력자 몇몇을 찾아가 상황설명을 해보기도 했지만, 오해가 생겨 오히려 상황이 악화되어버렸지요.

본래도 사교적인 편은 아니었던 I교장에게는 밖에서 가볍게 술 한 잔으로 기분 전환하는 일조차 쉽지 않았습니다. 앞서 말했다시피 학교가 있는 지역이 옆집의 숟가락 개수까지 꿰고 있는 산골마을인지라, 동네 술집에서 술에 취해 비틀거리기라도 하면 그 이야기가 순식간에 온 마을에 회자될 것이 뻔했기 때문이지요. 하는 수 없이 I교장은 집에서 혼자 술을 마시게 되었습니다. 그런데 어느 학부모가 가게에서 술을 잔뜩 사고 있는 I교장을 보았고, 이번엔 '알코올중독 교장'이라는 소문까지 돌게 되어 상황은 더더욱 최악으로 치달아 갔습니다.

I교장은 거의 매일 밤 술을 마셨습니다. 식사도 제대로 만들어 먹지 못했기 때문에 날이 갈수록 건강도 나빠졌지요. 2학기 말 무렵에는 매일 극심한 피로와 미열을 달고 살았습니다. 어느 날, 교감은 I교장이 교장실에서 머리를 감싸 안은 채, 엎드려 있는 것을 보게 되었습니다. 그제야 교감은 I교장의 심신이 매우 지쳐있다는 것을 알고 "일은 제가 대신하고 있을 테니 2, 3일 정도 쉬시는 게 어떠세요?"라고 권유했습니다. I교장은 "걱정해 주시는 것은 감사하지만, 여러 가지 문제도 있고, 쉴 수는 없을 것 같네요."라며 거절했지요. 그러나 교감이 "이대로 가면 쓰러지고 말 거에요. 제발 좀 쉬세요."라며 끈질기게 설득하자, 하는 수 없이 I교장은 단기간의 유급휴가를 쓰기로 했습니다.

I교장이 휴가를 내고 며칠이 지나자 교감이 그의 집으로 병문안을 왔습니다. 거기서 C교사의 처우 문제에 대해 서로 논의한 끝에, 교감이 C교사를 설득하여 정신과 치료를 받게 하는 것으로 결론을 내렸습니다. C교사가 이런 식으로 자주 결근을 하게 되면 다른 교사들의 부담이 가중되기 때문이었지요. 의사에게 제대로 된 진단을 받아, C교사에게 3개월 정도의 휴가를 준 후에 학교업무는 계약직 교사를 채용해 대신하게 하는 것이 좋겠다는 판단을 내렸습니다.

지금까지 I교장도 교감도 이런저런 업무에 쫓겨, 서로 깊이 있는 이야기를 나눌 시간이 없었지만 그날만큼은 충분한 이야기를 나눌 수 있었습니다.

I교장과 교감은 교사들의 건강을 관리하기 위해서는 우선, 관리직인 자신들이 서로 협력하여 대응해야 한다는 사실을 절실히 깨달았다고 합니다. 또한 앞으로는 관리직이 솔선하여 상담창구나 의료기관을 이용할 필요가 있다는 데에도 의견을 같이하게 되었습니다.

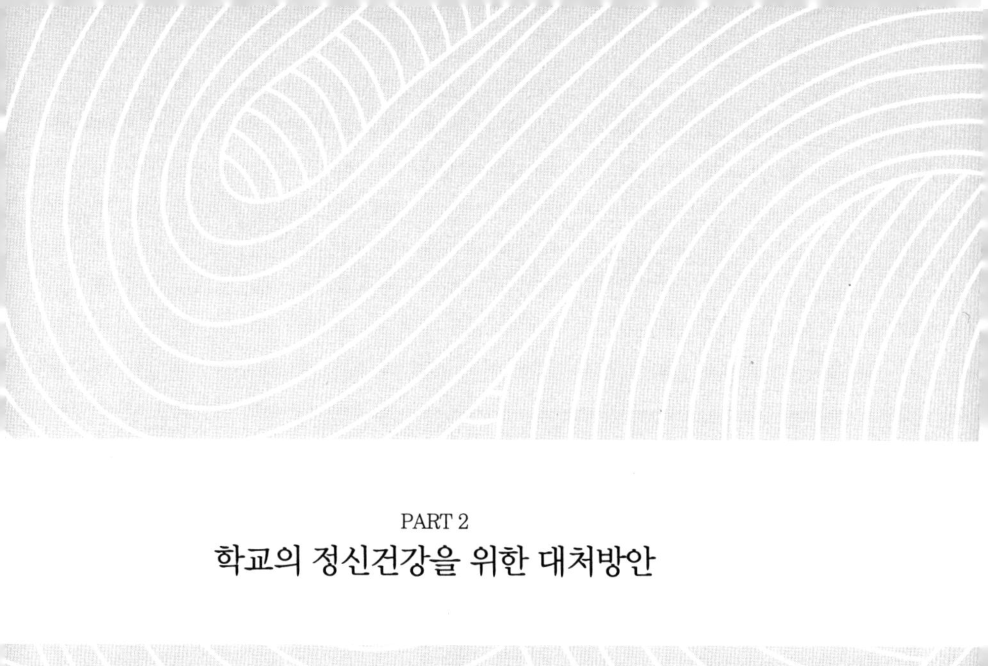

PART 2

학교의 정신건강을 위한 대처방안

교사의 정신건강을 위한 핵심요소

양면성을 가진 교사의 정신건강

최근, 정신건강이라는 단어가 사회보편적으로 사용되고 있는데요. 이 말은 곧 '마음의 건강'을 의미하는 것이지만, 단순히 마음이 건강하다 혹은 몸이 좋지 않다는 컨디션의 의미만을 가지고 있는 것은 아닙니다. 결론적으로 말하자면 정신건강은 '마음의 건강을 유지하고 증진시키는 것, 또는 그것을 위한 대처'의 문제라는 것이지요.

그 중에서도 교사라는 직종은 직장 내의 정신건강이 특히 중요한 의미를 지닙니다. 학생을 교육한다는 사회적 사명을 짊어진 학교조직의 활동이 건전하게 영위되기 위해서는 교사의 마음건강 역시 필수불가결한 요소라고 말할 수 있지요. 더욱이 지금까지 서술한 것처럼 교사의 정신건강은 아래 그림과 같이 여러 가지 요인과 복잡하게 관련되어 있습니다.

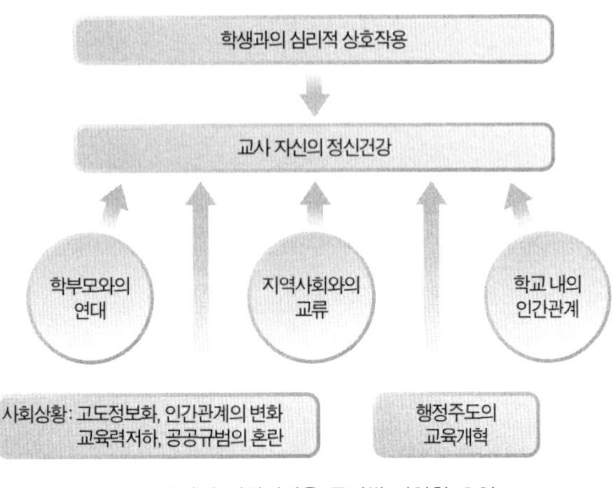

▶ 교사의 정신건강을 둘러싼 다양한 요인

그러므로 교사의 마음건강에 빨간불이 켜지는 일은 그 교사 본인만의 좌절이라는 개인적인 문제로 끝나지 않는 셈입니다. 한 명의 교사가 '마음의 병'에 걸리면 바로 학교현장에 혼란이 생기고, 학생들의 학습에 지장을 주게 되겠지요. 뿐만 아니라 학생의 건전한 인격을 육성하는 데 직·간접적으로 악영향을 끼칠 수도 있습니다. 더 나아가서는 공교육 그 자체의 존립기반이 위기에 처한다고 해도 과언이 아닐 것입니다.

그렇다면 어떻게 교사의 정신건강에 대처해야 하는가를 논해야 하지만, 우선은 그 양면성에 유의할 필요가 있습니다.

첫 번째 측면은 학교 조직에서 근무하는 살아있는 인간으로서의 건강관리적 측면입니다. 즉 '인간으로서 건강한가, 아픈가'로 해석할 수 있는 의료적 측면의 질문이지요. 이것은 정신과 의사를 비롯한 의료종사자가 담당한다고 할 수 있습니다.

두 번째 측면은 학교조직에서 교육활동을 수행하는 수단으로서의 기능관리적 측면입니다. 즉 '기능적으로 적응하고 있는가 아니면 부적응하고 있는가'라는 인사관리적 측면입니다. 이 부분은 학교 관리직을 비롯하여 교육위원회라고 하는 행정기관의 몫입니다.

여기서 문제가 되는 점은 의료적 측면과 인사관리적 측면의 상호관계입니다.

이 두 가지 측면이 전혀 다른 차원의 문제임에도 불구하고, 실제로는 애매하게 혼동되어 다루어지는 경우가 적지 않습니다. 그렇기 때문에 '마음의 병'에 걸린 교사가 증가하고 있는 현재 상황에서도 교사의 정신건강을 위한 대처가 좀처럼 효과적으로 이루어지기 어려운 것이 실상이지요.

예를 들어 교내 폭력이 많이 발생하는 학교에 새로 부임한 교사가 있다고 가정해 봅시다. 이 교사가 학생지도에 어려움을 겪고 있는데 거기에 몇 가지 업무분장까지 떠맡아 우울상태에 빠졌다고 해볼까요.

이때 의료적 측면에서 보면, 정신과 의사는 당연히 이 교사를 한 명의 환자로 대하고 치료에 임할 것입니다. 환자가 맞닥뜨린 후 고민하고 있는 문제를 해결하고, 병의 증상을 치료하는 데 최선을 다하겠지요.

그런데, 교사들의 '마음의 병'은 대부분 학생지도상의 어려움과 과중한 업무 부담 등에 의한 업무 관련 스트레스가 원인이 되어 발생합니다. 그렇기 때문에 교사로서 다시 직장에 복귀한 후 적응할 수 있을지 여부는 병의 재발위험성과 같은 의료적 판단과 관계가 있습니다. 진료실 안에서 축 처져 있으니 쉬어야 한다거나, 혹은 얼굴에 미소를 띠기 시작했으니 복귀할 수 있을 것이라는 단순한 판단만으로는 결코 사태가 해결되지 않지요. 의료적 측면에서도 '교사로서'의 적응 정도를 고려해 치료에 임하지 않으면, 진정한 회복을 기대할 수 없을 것입니다.

이러한 상황에 대해 인사관리적 측면에서는 다르게 인식할 수도 있습니다. 학교 관리직은 교사들의 업무 적응도, 또는 교사로서의 적성을 찾아내는 역할을 합니다. 그 교사가 교육 활동을 원활하게 수행할 수 있는가 하는 기능적인 측면에 주목하는 셈이지요.

즉, 관리직은 교사의 안전을 배려할 의무를 가진 동시에, 최대한 학교의 교육활동이 큰 문제없이 이루어지는 것을 최우선으로 하기 마련입니다. 이것은 학생을 위한 것이기도 하지만, 학교 교육에 부과된 사회적 사명이라는 관점에서도 당연한 일이지요.

그러므로 한 명의 교사에게 '마음의 병'이 생긴 경우, 관리직이 그 교사의 부적응을 인지했다면 그 다음으로는 해당 교사가 학교현장에 악영향을 끼치지 않도록 대책을 마련해야 합니다. 그러나 해당 교사가 진단서를 받아오면 휴가를 내주고, 그동안에는 시간강사나 정규직원을 채용해서 충당하면 그만이라고 생각하는 경향이 있지요. 경우에 따라서는 교사 본인의 회복은 이차적인 문제로 여기는 경우도 전혀 없지는 않습니다. 이런 식의 태도는 관리직으로서 적절한 대응이라고는 할 수 없습니다. 관리직은 교사들의 인사관리적 측면뿐만 아니라 '인간으로서의' 건강에도 주의를 기울일 필요가 있기 때문입니다.

교사의 정신건강이 가지는 이 같은 양면성은 병가 중인 교사의 처우와 그가 복귀한 후의 재발가능성에도 영향을 끼칩니다. 교사의 '마음의 병'에 대해 충분한 배려가 없는 상태로 부적절한 대응이 계속되면 또다시 '마음의 병'이 도져 병가와 복직을 반복할 수밖에 없겠지요.

따라서 교사의 정신건강에 충분하게 대처하기 위해서는 의료 종사자와 학교 관리직, 교육위원회가 자신들의 관점에서만 문제를 인식하는 태도를 버려야 할 것입니다. 이를 위해 교사 당사자, 관리직, 담당 의사라는 삼자의 의견을 잘 조율하여 적절히 협의해 나가는 일이 무엇보다 중요하다고 생각합니다.

교내외의 지원체제를 조직하라

그렇다면 교사의 정신건강을 지키기 위해 학교현장은 어떤 노력을 기울여야 할까요.

우선 앞서 서술한 바와 같이 교사 한 사람 한 사람이 스트레스를 혼자 끌어안고 있지 않도록 끊임없는 동료 간의 상호지원이 필요할 것입니다. 또한 관리직이 주도적으로 교사의 건강관리에 주의를 기울여야 하는 것은 두말할 필요도 없겠지요.

그중에서도 전근 온 지 얼마 안 된 교사에 대해서는 다음과 같은 대응이 특히 중요합니다.

예를 들면, 재직 중인 학교에서 같은 반 같은 학생들을 계속해서 담임하게 되는 경우, 학교현장에서의 직무환경 변화는 비교적 적은 편이라고 할 수 있습니다. 물론, 문제를 일으키는 학생이나 그 학부모를 계속해서 맡은 경우에는 이에 따른 정신적 피로도 함께 따라오겠지만 전부터 이미 경험했던 만큼, 대책을 강구할 수도 있을 것입니다.

따라서 학년이 바뀌는 신학기에 가장 주의가 필요한 사람은 전근을 온 교사입니다. 통근시간의 변화 등도 무시할 수 없겠지만, 그중에서도 가장 문제가 되는 것으로는 이전 학교와 부임한 학교와의 학교 간 격차를 들 수 있는데요. 새 학교의 학생 지도방침이 전 학교와 다르거나 학생 지도상의 문제로 당황하는 경우도 많고, 또 다른 한편에서는 직장 내에서의 새로운 인간관계로 발생하는 스트레스로 힘들어하는 경우도 흔히 볼 수 있습니다.

저의 진료경험을 보더라도 전근 1년째에 들어 정신건강에 빨간불이 켜지는 교사가 많다는 사실은 분명한 듯합니다.

전근 온 지 얼마 되지 않은 교사들은 환경도 익숙하지 않은데다 아직은 관리직이나 동료 교사와의 인간관계도 제대로 성립되지 않았기 때문에 충분히 이야기를 나눌 만한 상대가 없어 고립감을 느끼기 쉽습니다. 특히 베테랑 교사가 전근 온 경우, 주변에서는 능숙한 학급 운영을 기대하면서 지도하기 힘든 학급의 담임을 맡기는 경우가 많습니다. 교직 경험이 풍부한 만큼 뜻대로 되지 않는 상황이 발생하면 깊은 좌절감을 맛보고 금세 자신감을 잃게 되는 사례가 생기기도 합니다.

따라서 신임교사나 전근 온 지 얼마 안 된 교사에게는 관리직과 동료 교사들이 먼저 적극적으로 다가가는 것이 중요합니다. 이상 징후가 나타나는 경우에는 상담을 해 주거나 외부의 건강상담센터 및 의료기관을 이용할 수 있도록 권해줄 필요도 있습니다.

그리고 교사의 정신건강을 향상시키기 위해서는 학교현장의 노력뿐만 아니라, 각 지자체의 교육위원회 같은 행정기관과의 연계도 중요합니다.

이러한 예로는, 연수 또는 안내서를 통해 정신건강에 대한 지식을 보급하는 활동을 들 수 있습니다. 관리직을 대상으로 기본적인 카운슬링 기술을 익히도록 하는 강의도 실시하고 있지요. 여기에 더해서, 교사를 위한 전문 건강상담실의 설치와 시스템의 적절한 운용을 도모하려는 노력도 필요할 것입니다.

최근 들어 교사의 정신건강을 위한 행정적 대응이 더욱 중요하게 여겨지고 있는 만큼, 각 지자체마다 교육위원회가 앞장서서 대책을 강구하는 중이긴 합니다. 그러나 아직 충분한 성과가 있다고는 말할 수 없는 것도 사실이지요.

예를 들면, 건강상담실이 있어도 이용자들의 현실적인 요구에 완벽히 대응하지는 못한다는 문제점이 있습니다.

이 문제의 배경에는 학교현장, 의료기관, 행정기관이라는 세 개의 축 사이에서 의사소통 및 연계활동이 원활하게 이루어지지 못하는 현실이 있습니다. 교사에게 '마음의 병'이 생겼을 때, 병가 또는 복직 문제를 놓고 학교현장이나 교사 본인을 위한 적절한 대처가 이루어지지 못하는 경우도 적지 않지요.

이러한 연대 활동을 추진하기 위해서는 학교현장과 의료기관의 협력을 이끌어낼 수 있도록 행정기관이 주도하는 시책을 지속적으로 마련해야 합니다. '마음의 병'을 앓던 교사가 적절한 치료를 받은 후, 직장복귀훈련을 거쳐 원활하게 복직할 수 있는 체제를 마련하기 위해서는 앞서 언급했듯이 행정 시스템을 기반으로 학교현장과 의료기관 모두가 긴밀하게 협력해 나갈 필요가 있습니다.

교사를 위한 스트레스 관리법

지금까지 설명한 바와 같이, 학교현장이 교사의 정신건강에 한층 더 주의를 기울이고 있는 만큼, 교육행정 측에서도 현장 상황을 보완할 제도 수립을 목표로 하여 '마음의 병'에 걸린 교사를 위한 대응 방안을 모색하고 있습니다. 하지만 현실에서의 운용은 아직도 충분치 못합니다.

그래서 여기서는 우선 교사 본인이 '마음의 병'에 걸리기 전에 이를 예방할 수 있는 방법으로, 어떻게 스트레스를 컨트롤해야 하는지에 대해 간략히 서술하고자 합니다.

스트레스 컨트롤은 크게 학교현장의 측면에서 대처하는 스트레스 매니지먼트와 교사 개인이 실시하는 스트레스 코핑으로 나눌 수 있습니다.

우선 스트레스 매니지먼트를 살펴보면, 글자 그대로 스트레스를 관리한다는 뜻으로 학교현장에서의 스트레스 대응법입니다. 학교 조직 내에서 가능한 한 교사에게 스트레스가 생기지 않도록 원인을 분석하고 환경을 정비하는 등의 행위가 여기에 속합니다.

구체적으로는 인간관계에서 쓸데없는 트러블이 생기지 않도록 개방적인 직장 환경을 만드는 것을 들 수 있습니다. 심신에 이상 징후가 나타나는 교사를 재빨리 발견하여 적절한 조언과 도움을 줄 수 있는 체계를 만드는 것도 여기에 포함됩니다. 이러한 환경 정비를 주도해야 할 사람은 당연히 학교 관리직이지만, 앞으로는 양호교사도 교사의 정신건강을 위한 지원에 어느 정도의 역할을 하리라고 예상됩니다.

체계를 갖추는 것 이상으로 교사 한 사람 한 사람이 마음 편히 상담할 수 있는 분위기를 조성하는 일도 중요한데요. 인간관계를 중시하고 상대방을 배려하며 공감해주는 자세를 일컬어 '카운슬링 마인드'라고 합니다. 구성원 모두가 이런 자세를 가지고 있는지에 따라, 직장 내의 정신건강이 좌우되는 셈이지요.

동료에 대한 배타적인 태도나 공격적인 비판은 물론 좋지 않습니다만, 동료가 침울해 하거나 말거나 무관심으로 일관하는 태도 역시 문제입니다. 반대로 동료의 이상 징후를 너무 심각하게 받아들인다거나 우울해 하는 동료를 홀로 떠안으려는 자세도 적절한 대응이라고 할 수는 없지요. 즉, 직장의 인간관계란 카운슬링 마인드를 가지면서도 적당한 심리적 거리를 유지하고 완만한 연대감을 형성해 가는 정도가 바람직합니다.

만일 인간관계가 잘못 형성되어 서로 스트레스를 받는 직장이라면, 외부의 전문가에게 의뢰해 강연이나 연수를 개최하며 문제에 대한 해결책을 찾는 방법도 좋을 것입니다.

그러면, 다음은 스트레스 코핑(Coping)에 대해 살펴볼까요.

스트레스 코핑이란 개인이 스스로의 내부에서 스트레스를 컨트롤하는 행동입니다. 코핑이라는 말은 '대처하다'라는 의미이며, 스트레스 대처 행동은 정신건강의 영역에서 중요한 키워드입니다.

스트레스 상황에 부딪혔을 때 사람들이 취하는 대처 행동의 유형은, '대응형'과 '회피형'으로 구분할 수 있습니다. 대부분은 스트레스에서 도망가려는 회피 경향을 보이지만, 곤란한 상황에서 도망치다가 오히려 사태를 악화시키는 경우도 적지 않습니다. 적절한 스트레스는 성취감과 만족감을 얻기 위해 반드시 필요한 요소라는 점을 인식하고, 우선 스트레스 상황을 깨닫고 이에 맞서고자 노력해보는 건 어떨까요. 스트레스에 정면 대응하는 것은 굉장히 중요합니다.

만약 껄끄러운 동료 때문에 스트레스를 받는다면 어떤 부분이 불편한지, 왜 경계하는 것인지, 자신의 내부에서 자문자답해 보는 것입니다. 스트레스에 대한 내성은 자기 자신이 처한 스트레스 상황을 자각하고 적극적인 자세로 정면돌파하는 과정을 통해 강화되기 마련입니다. 인간은 부딪치면서 강해지고, 이 과정에서 불안과 변화를 스스로 치유하는 기술을 갖춰가는 존재입니다.

이 같은 스트레스 코핑을 꾸준히 시도해 나간다면, 더욱 곤란한 스트레스 상황에도 맞설 수 있는 내성이 생길 것입니다. '나는 이런 스트레스에 약해. 하지만 저번에 이렇게 해서 극복했으니까, 이번에도 그렇게 해보자'라는 대처방식이 자연스럽게 자리 잡았다면 이제는 안심해도 될 때입니다.

즉 교사 한 사람 한 사람이 정신건강의 중요성을 인식하고 일상에서도 스트레스 컨트롤을 실천해 나가는 것이 스트레스 코핑의 요점이라고 할 수 있겠습니다.

'마음이 아픈 교사가 늘어나고 있는' 현상의 본질

통계상의 수치는 빙산의 일각에 불과하다

최근 몇 년간, 공교육에서는 다양한 분야의 문제들이 현실화되고 있습니다. 제1부에서는 '마음의 병'에 걸린 교사들의 사례를 중심으로 서술했지만, 점점 복잡해지고 혼란스러워지는 교육현장 속에서 교사들은 앞으로 한층 더 많은 스트레스에 부딪힐 수밖에 없을 것으로 예상됩니다.

여기에서는 이러한 교육현장의 문제점을 제시하고 그 문제점을 해결하기 위해 어떤 대책을 세워나가야 할지 생각해 보기로 하겠습니다.

그러기 위해서 우선, '마음의 병' 때문에 휴직한 교사들의 실상을 통계상의 수치로 살펴봅시다.

2004년에 발표한 문부과학성의 조사에 따르면, 2003년도에 정신성 질환으로 휴직을 한 공립학교의 교원은 3,194명이라고 합니다. 1993년도에는 1,113명이었던 것이 2002년도에는 2,687명이 되어, 10년간 3배 가까이 증가하였고 과거의 최고기록을 계속해서 갱신하고 있는 상황이지요. 저출산에 의한 공립학교의 통폐합과 그에 따른 교원 수의 삭감 등을 고려하면 '마음의 병'에 의한 휴직자 증가세는 현저하다고

밖에 할 수 없겠습니다(그래프 참조).

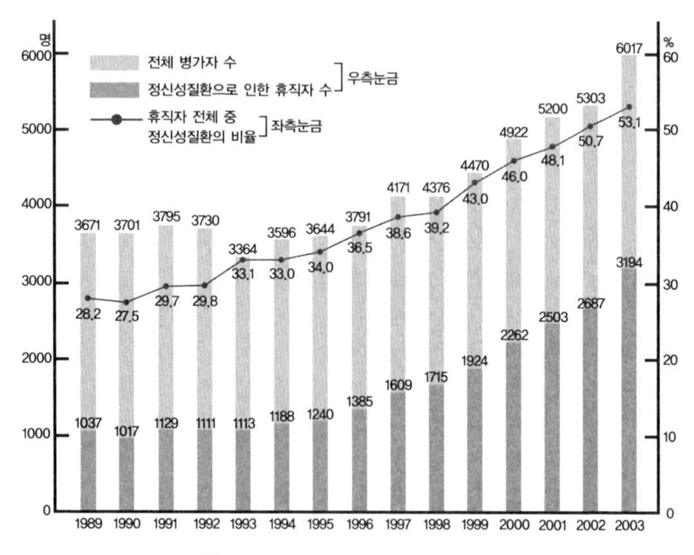

▶ 공립학교 교원의 병가자 수의 추이(출처: 문부과학성)

비율을 보면, 2003년도의 3,194명이라는 수치는 전국 교사 전체의 0.35%에 해당하며, 약 300명 중 한 명이라는 계산이 되지요. 병가휴직을 낸 교사는 전체 6,017명이니 그중 53%가 정신성 질환을 앓는 교사라는 이야기입니다. 수많은 병 중에서도 실제로 둘 중 한 명 이상이 정신성 질환을 앓는다는 건 분명 높은 수치입니다.

왜 '마음의 병'으로 인해 휴직을 하는 교사가 계속 증가하고 있는 것일까요. 그 이유에는 여러 가지가 있겠지만, 교육개혁을 추진하는 과정에서 발생한 학교현장의 혼란도 그 요인 중 하나라고 할 수 있겠습니다.

일례로, 2000년 3월 교육개혁국민회의가 발족했었습니다. 9월에는 '교육개혁국민회의중간보고－교육을 바꾸는 17개의 제안－'이 공표되었지요.

그 보고에 따르면 '풍부한 인간성을 지닌 일본인을 육성한다', '개개인의 재능을 신장하여 창조적인 인간을 육성한다', '새로운 시대에 새로운 학교 만들기', '교육진흥 기본계획과 교육기본법'이라는 4가지 주제를 바탕으로 17가지의 제안이 제시되었습니다.

현재의 혼란스러운 교육환경을 생각해 볼 때, 교육개혁의 내용 자체에는 확실히 시급하게 실행해야만 하는 사항들이 보이기는 합니다. 그러나 이러한 발본적이고 급격한 개혁을 실행하는 데 있어 다수의 교사들로부터 우려의 목소리가 나오고 있는 것 또한 사실이지요. 단적으로 말하자면 행정 측의 개선방침을 학교현장이 따라가지 못하는 상황이 발생할 수도 있습니다. 2002년도 이후에 학교현장에서 급격한 교육 개혁이 진행되고 있는 상황과, 심신의 피로를 이유로 휴직하는 교사의 수가 더욱 증가하고 있는 현상은 서로 무관하지 않을 것입니다.

단 여기에서 주의해야 할 점은 '마음의 병에 걸린 교사가 증가하고 있는 것'은 사실이지만 중증 환자가 증가하고 있는 것은 아니라는 사실입니다.

필자의 진료 경험에 의하면 '마음의 병'을 앓고 있는 교사가 증가하고 있는 가운데, 이들 중 많은 사례가 단순히 교사 개인의 문제로부터 발생하는 것만은 아닙니다. 분명 교사들 중에는 심각한 '마음의 병'에 걸리기 쉬운 사람도 있고, 장기입원과 치료를 요하는 경우도 존재합니다. 그러나 이러한 중증 사례의 발생 빈도는 이전과 비교해도 그렇게 크게 변화하지는 않았습니다.

실제로 증가하고 있는 것은 스트레스로 인해 경증의 정신질환을 앓는 교사입니다. 제가 진찰해 왔던 수많은 환자의 경우에서만 보더라도, 교사가 '마음의 병'에 걸리는 현상은 학교현장에서 받는 스트레스의 양이 커지면서 생기는 구조적 문제를 그 본질로 꼽을 수 있습니다. 본래 교사로서 충분히 잘해 나갈 수 있었던 사람도 문제가 산더미같이 쌓인 현재의 학교현장에 적응하기가 쉽지 않고, 스트레스로 인해 마음의 건강을 해치게 된다는 것이지요— 이 부분에 대해서는 뒷부분에서 좀 더 자세히 기술하고자 합니다.

그런데 앞에서 '마음의 병'으로 휴직을 한 교사는 전체 교사의 0.35%라고 서술했었습니다. 얼핏 보면 적은 수치처럼 보일지 모르겠지만 질병으로 휴직까지 하는 교사는 빙산의 일각에 불과합니다. 수치로 나타나지 않는 수면 아래에는 통상 반년 이내의 병가를 받은 교사가 상당수 있을 것이기 때문이지요. 그러나 이러한 실제 수치는 전국 집계와 같은 정확한 통계수치에는 드러나고 있지 않습니다.

마음이 아프다는 것은 질병인가 부적응인가

또 한 가지, '마음의 병'으로 휴직하는 교사가 증가하고 있는 현상에서 살펴볼 중요한 문제가 있습니다.

바로 '마음의 병'으로 정신과에서 진료를 받는 것은 병인가, 아니면 부적응의 결과인가 하는 점인데요.

앞서 기술했듯이 교사들에게 '마음의 병'이 많은 이유는 교사 개인의 문제라기보다는 학교현장의 구조적 문제에 의한 것입니다. 그렇다고 해서 교사 개인에게는 전혀 문제가 없다는 말은 아닙니다. 제1부에서 제시한 사례처럼, 그 중에는 본인의 성격과 적성 문제로 직장에 적응하지 못한 결과, '마음의 병'에 걸린 교사도 있으니까요.

'마음의 병'은 세계보건기구(WHO)의 국제진단기준 ICD-10[01]이라는 질병분류에서도 광범위하게 다루어지는 경향이 있습니다. 여기서는 인격장애 등도 광의적 의미의 병으로 취급되고 있지요. 예를 들어, 성실한 교사가 과도한 업무를 끌어안고 고군분투하던 끝에 우울증에 걸려 휴직할 수밖에 없는 경우도 있습니다. 혹은 회피성이나 의존성 인격 장애로 인해 심신에 이상 징후가 나타나 출근을 못하게 되는 교사도 있겠지요. 현재 상황에서는 전자의 교사도 후자의 교사도 모두 '마음의 병'이 있다고 확대해석되기 때문에, 병의 범위라고 말할 수 있는 그레이존(gray zone)을 어떻게 취급해야 할지가 앞으로 큰 문제가 되리라고 봅니다.

왜냐하면 어디서부터 어디까지를 병으로 규정할 것인가 하는 문제는, 교사로서의 지도력이나 적성의 문제와도 관련이 있기 때문이지요. 지도력과 적성의 문제에 대해서는 뒤에서 상세하게 논의하겠지만 이 문제에 대해서는 심각하게 고민해야 할 필요가 있습니다. 현재, 문

01 국제질병사인분류(The International Statistical Classification of Diseases and Related Health Problems, ICD) : 사람의 질병 및 사망 원인에 관한 표준분류규정으로 세계보건기구(WHO)에서 발표하는 자료. ICD-10은 ICD의 10차 개정판으로, 현재까지 사용중인 최신 개정판이다.

부과학성의 주도하에 지도력부족교사에 대한 심사가 각 지방자치단체에서 추진되고 있습니다. 한 명의 교사가 지도력을 발휘하지 못하는 경우, 그 인과관계를 통해 병 때문인지 적성과 자질의 문제인지를 판단해야 하는데요. 이 역시 해당 교사를 지속적으로 유심히 지켜보지 않는 한 지도력부족교원심사가 제대로 이루어지지 않을 위험성이 있다고 할 수 있지요.

예를 들어 성실한 교사가 탈진증후군에 걸린 경우, 치료를 받고 잠시 휴식을 취하면 다시 훌륭하게 직무를 수행할 수 있을 것입니다. 그러나 본래부터 책임감이 부족하고 스트레스에 회피적 성향이 있는 교사가 수업을 하지 못하는 등 직무상 부적응을 일으키고, 결과적으로 우울상태에 빠진 경우라면 정신과에서의 치료만으로는 해결되지는 않습니다. 치료를 받고 우울상태가 회복된다고 해도 부적응이라는 문제는 그대로 남아있기 때문이지요.

그런데, 이처럼 책임감이 결여된 타입의 교사일수록 정신과 진료를 받고 진단서를 발급받아 쉽게 병가를 내는 경우가 적지 않습니다. 관리직이 확실하게 지도하거나 복귀훈련을 실시하지 않으면 짧은 기간의 병가 휴직을 받기만 하고 복직 후 이상 증상은 계속 반복해서 나타나기 마련입니다. 이래서는 학교현장의 동료들이 해당 교사가 결근할 때마다 업무를 대신 짊어지게 되고, 현장에는 여러 가지 혼란이 발생하게 되겠지요.

따라서 우리와 같은 정신과 의사는 환자를 진찰할 때 병의 범위가 되는 그레이존을 정확히 판단해야 할 필요가 있습니다. 그 교사가 '병 때문에 직무에 적응하지 못하는 것인지, 아니면 적성 부족에 따른 직장 부적응으로 마음의 건강을 잃은 것인지'에 대한 판단에는 신중을 기해야만 합니다.

학교현장을 모르는 의료관계자의 문제

이처럼 교사의 '마음의 병'이 증가하는 현상에 있어서 의료종사자의 역할도 한층 더 중요해지고 있다는 것을 통감하고 있습니다.

교사가 마음을 다쳐 병가를 가거나 휴직을 하려면 우선 의사의 진단서가 필요합니다. 이때 담당 의사가 현재 학교현장의 사정이나 교사가 놓인 상황을 이해하고 있는가 그렇지 못한가의 여부에 따라 판단 결과는 크게 달라질 것입니다.

예를 들어볼까요. 마음을 다친 교사를 진료 후 '요양 필요'라는 진단서를 발급해 준 의사가 있다고 합시다. 그런가하면 같은 교사를 진찰했지만 '병이 아니니 병원에 올 필요는 없습니다'라고 하는 의사까지도 있지요. 일본에서 정신의료에 관련된 기관들은 중증환자가 입원하는 의료기관이 대부분입니다. 이러한 병원에서 스트레스성 경증질환자인 문제 교사를 진료하는 경우, 담당 의사에 따라 진찰의 관점과 견해는 달라질 것입니다. 그러므로 환자로서의 교사를 진찰하기 위해서는 학교현장에서 요구되고 있는 사항들에 대해 일정 정도는 파악해 놓을 필요가 있겠지요.

따라서 진찰 시에도 교사 본인의 이야기뿐만 아니라, 관리직과 동료 교사의 이야기를 듣는 것이 중요해졌습니다. 의사는 직장 내에서 해당 교사가 어떻게 일을 처리하는지 객관적 정보를 얻은 후에 판단하지 않으면 안 되니까요.

이것을 교사 본인의 이야기만으로 판단해 버린다면, 어떤 일이 발생할까요.

앞서 쓴 대로 책임감이 부족한 교사가 바쁜 학교현장에서 도망치고 싶어서 정신과에 찾아왔다고 해 봅시다. 이 교사가 진찰실에서 눈물을 흘리며, "컨디션이 좋지 않아 너무 힘들어요. 교장선생님이 괴롭혀서 잠도 잘 수가 없어요."라고 호소합니다. "우울증에 걸렸으니 조금 쉬고 싶어요."라고 말한다면, 학교현장의 실정을 이해하지 못하는 의사는 교사의 말을 그대로 믿어버릴 테지요. 그리고 '2주간의 휴양을 요함'이라는 진단서를 써 줄 것입니다.

그러나 인사적 조치로서 시간강사가 파견되는 경우는 원칙적으로 1개월 이상의 휴가를 받는 경우에 한해서입니다. 담임을 맡고 있는 교사가 2주간의 휴가를 받는다면, 대체 교사도 배정받을 수 없고, 학교현장은 혼란스러워집니다. 다른 교사가 보충 수업을 하거나 담임 업무를 분담해야만 하는 등, 동료 교사들의 부담이 매우 커지겠지요. 그 결과 동료 교사들이 눈코 뜰 새 없이 바쁜 업무에 시달리고, 이로부터 새로운 우울증 환자가 발생하는 악순환까지 생길 것입니다.

이처럼 한마디로 '교사에게 마음의 병이 증가하고 있다'고 말해도, 교사들이 병에 걸리는 원인이 매우 다양하다는 사실을 간과해서는 안 될 것입니다. 성실하게 노력하다 끝내 탈진증후군에 걸린 교사와 안이한 마음가짐으로 걸핏하면 문제를 일으키는 교사를 한데 묶어 똑같이 '마음의 병에 걸린 교사'로 간주해버리는 것이 현실이니까요. 마찬가지로, 교사의 정신질환에 적절히 대응하지 못하는 정신의학계의 현실 역시 책임감이 부족하고 적성이 부족한 교사가 업무로부터 쉽게 도피할 수 있는 풍토를 조성하는데 한몫하고 있습니다.

저도 예전에는 눈앞에 있는 환자가 '눈물을 그치도록' 돕는 것이 의사의 책무라고 생각했던 적이 있었지요. 물론 그것이 틀렸다는 말은 아닙니다. 그렇긴 하지만 그 원칙만을 고수하는 것은 지금의 학교현장을 외면하는 것이라는 말을 하고 싶습니다. 환자로 온 교사 한 명 한 명에 대해 학교의 현장상황을 고려한 판단을 내리지 않는다면, 공교육은 교사와 함께 무너져버릴 위험성까지 있습니다.

누차 강조했지만, 교사의 '마음의 병'에 적절히 대처하기 위해서는 교사 본인을 비롯하여 교육 당국과 관리직, 의료 종사자라는 4자간의 긴밀한 상호협력이 반드시 필요하다고 할 수 있습니다.

교사의 '탈진증후군'을 예방하기 위해

주변과의 인간관계가 마음건강을 좌우한다

현재 교사의 업무는 다양한 분야를 망라하고 있습니다. 학교현장의 교사는 각양각색의 업무에 시달리고 있을 뿐만 아니라, 다양한 인간관계를 둘러싼 스트레스 상황에 노출되어 있다고도 할 수 있지요.

앞에서 수차례 언급했지만, 교사는 학교폭력이나 집단따돌림, 등교거부 등 학생의 문제행동에 대응해야만 합니다. 교과지도나 입시지도, 학생지도와 관련하여 학부모의 과도한 기대는 점점 높아지기만 하고 있지요. 학부모와 지역 주민의 기대가 높아질수록 그만큼 이들에게 상세한 보고와 설명을 하는 업무도 늘어날 수밖에 없습니다. 그런데 동료 교사와의 상호 협력이 원활하지 않은 환경이라면, 성실한 교사들이 상대적으로 많은 업무를 부담해야 하는 상황이 생기게 되겠지요.

이러한 환경 속에서는 성실하고 책임감 있으며, 교사로서의 자질이 훌륭한 사람일수록 '마음의 병'에 걸리기 쉽습니다. 교사가 '마음의 병'에 걸리는 사태를 막기 위해서는 우선 자질이 있는 교사가 탈진증후군에 걸리는 상황을 막는 일이 중요합니다.

흔히 말하는 '탈진증후군'이 교사에게 흔히 나타난다는 사실은 앞에서도 계속 서술한 바 있지요.

탈진증후군도 교사 개인의 성격이나 자질과 관계가 있습니다. 교육에서 높은 이상을 추구하고 자신의 책임을 완수하고자 하는, 성실하고 열정적인 교사일수록 탈진증후군에 노출될 위험성이 높다고 할 수 있습니다. 그렇다고 해서 이 같은 개인적 성격과 자질이 교사에게 마이너스 요소라고 말하는 것은 물론 아닙니다. 오히려 교육전문직에 종사하는 사람으로서는 바람직한 적성이라고 할 수 있겠지요.

문제의 본질은 교사가 직무를 실행하는 과정에서 주변의 다양한 인간관계에 어떻게 대처해 나갈 수 있느냐는 것입니다. 관리직, 동료, 학생, 그들의 보호자, 더 나아가서는 지역주민과 사회 전반의 사람들이 한 명의 교사를 겹겹이 에워싸고 있습니다. 이러한 환경에서 주위의 협력을 얻을 수 없다면, 자질이 있는 교사일수록 탈진증후군에 쉽게 걸릴 수밖에 없겠지요.

좌절하지 않기 위한 마음가짐

그렇다면 교사에게 가장 많이 나타난다는 탈진증후군을 예방하기 위해서는 어떻게 해야만 하는지, 우선 교사 자신은 어떤 부분에 신경을 써야 하는지 생각해볼까요.

제1부에서도 서술한 것처럼 탈진증후군은 두 가지 조건이 중첩되는 경우에 발생합니다. 첫째는 사람을 상대로 하는 전문직에 종사하고 있을 경우입니다. 또 하나는 최선을 다해 노력했는데도 기대했던

만큼의 성과를 얻지 못한 경우, 혹은 주변의 평가가 좋지 못한 경우에 좌절을 경험하는 상황이지요.

첫 번째 조건에 대해 설명하자면, 교사라는 직업은 사람을 상대할 수밖에 없습니다. 학부모 응대를 하지 않을 수도 없고 지역 전반이 학교를 주시하고 있는 와중에, 학생지도가 어려운 현실 또한 그리 간단히 바뀌지는 않을 겁니다.

따라서 현실적인 예방책을 강구하기 위해서는 두 번째의 조건을 처음부터 재검토해 보아야 합니다.

책임감이 강하고 열정이 강한 교사일수록 이상을 좇기 쉽습니다만, 여기서 중요한 것은 이상과 현실의 차이에서 좌절을 느끼지 않도록 노력해야 한다는 사실입니다. 즉, 이상은 이상으로 두고 현실의 목표는 가능한 무리하지 않는 범위 내에서 설정하는 것이지요. 그리고 타인의 평가를 너무 기대하지 않는, 즉 일종의 '담대한' 인지패턴을 의식적으로 만들어야 합니다. '안돼봤자 본전이지'라든가, '결과가 아니라, 과정이 중요한 거야'와 같은 사고방식을 갖는 것도 필요합니다.

좀 더 구체적으로 말하자면 여러 업무를 혼자서 맡게 되는 경우, 그것을 완벽하게 처리하려고 할 필요는 없다는 이야기지요. 또한, 학생지도에 대해 학부모에게 말도 안 되는 이상한 비판을 받아도 '난 할 만큼 했어'라고 자신을 이해시키는 것도 여기에 포함됩니다.

이렇게 함으로써 비슷하게 곤란한 상황이 발생해도 좌절을 피할 수 있게 되는 것이지요. 즉, 탈진증후군에 빠질 정도로 자기긍정감을 상실하는 상황을 상대적으로 쉽게 피할 수 있게 됩니다.

'교실왕국'을 탈피하자

다음으로 탈진증후군의 또 다른 예방책으로는 학교현장의 체제조성이 필요하다고 할 수 있겠습니다.

그러기 위해서는 '안팎으로 열린 학교' 만들기와 같은 발상이 중요합니다.

열린 학교를 만들기 위해서는, 첫째로 학교 내부의 개혁이 필요합니다. 기존의 학교는 '교실왕국'으로 불렸던 것에서 알 수 있듯이, 좋든 싫든 한 사람의 교사가 학급에서의 모든 책임을 지고, 다른 교사는 전혀 참견할 수 없는 폐쇄적 분위기였지요.

그러나 그 때문에 교사가 여러 가지 문제를 혼자서 끌어안고, 고민하다 못해 쓰러져가는 현상들이 생기는 것을 볼 때, 지금까지의 '교실왕국' 체제는 이제 더 이상 유지될 수도 없고 유지되어서도 안 됩니다. 교사 혼자서 문제를 끌어안는 것이 아니라, 동료 교사들끼리 서로의 문제를 개방하여 상호협력해 가는 체제를 구축할 필요가 있습니다.

그러기 위해서는 학교 조직이 개방적이고, 열린 학교가 되지 않으면 안 됩니다. 교사들이 서로 상담하거나 불만을 나눌 수 있도록 편안한 분위기를 조성하는 것도 필요하지요. '그 일은 내게도 일어날 수 있는 일'이라는 생각으로, 학급운영과 학생지도 등의 고민에 대해 동료 교사들끼리 허심탄회하게 의견을 나눌 수 있는 직장 분위기를 만들어야 합니다. 그러기 위해서는 관리직의 주도하에 직장 내 환경을 정비하는 게 바람직하겠지요. 만약 그럴 수 없는 경우라 해도, 신뢰할 수 있는 동료를 만든다면 곤란한 상황에 처하더라도 교사 스스로 자신의 마음 건강을 지킬 수 있으리라 생각합니다.

과거에 필자가 실시했던 연구조사에서도, 교사가 마음의 건강을 지킬 수 있는가의 여부는 동료와의 관계에 크게 좌우된다는 사실이 밝혀진 바 있습니다. 동료 교사와 신뢰 관계를 형성하지 못하고 고립되게 되면 그것이 곧 '마음의 병'으로 발전하기 쉽다는 것이지요. 고립을 피하기 위해서는 우선 스스로 있는 그대로의 자신을 상대에게 보여주고, 동료와의 연결고리를 만들어가는 행동이 중요합니다. 여러 명의 교사가 함께하는 팀티칭 같은 수업 프로그램을 연구하는 것은 이런 부분에서도 효과적이라고 할 수 있습니다.

국립교육정책연구소와 후쿠오카교육대학 연구원들이 2001년 3월에 실시한 전국조사에서도 교실붕괴를 막고 교실을 회복하는 데는 동료 교사의 협력이 큰 영향을 끼친다는 결과가 나왔습니다. 이처럼 서로 협력하고 서로 상담하기가 가능한, 안으로 열린 학교가 결과적으로는 탈진증후군에 걸린 교사를 더 이상 양산하지 않는 대책의 하나가 되리라 생각합니다

둘째로, 지역사회라고 하는 외부에 대해서도 '열린 학교'가 되어야 할 것입니다.

앞서와 같은 국립교육정책 연구소의 조사에 따르면 교실붕괴는 지역교육력과 상당한 관련이 있다고 합니다. 즉, 지역 단위의 학생교육과 예절교육이 이루어지고 있느냐에 따라 교실붕괴 여부가 좌우된다는 것입니다.

학부모와 지역주민들이 아이들에게 교육이나 예절을 가르치는 환경이 조성되면, 학교현장과의 역할 분담이 가능해집니다. 이러한 과정과 환경에 의해 지역전반에서 학교를 이해할 수 있고, 지역의 지원

이 생겨날 것이며, 이것이 바쁜 교사의 스트레스를 줄여주는 동시에 더 나아가서는 교사의 탈진증후군을 예방하는데도 크게 일조하리라 기대됩니다.

'출근거부증후군'에 걸린 교사에 대처하는 방법

출근과 결근을 반복하는 교사의 마음 문제

'마음의 병'으로 휴직하는 교사가 증가하는 가운데, 휴직과 복직을 반복하는 사례도 적지 않습니다.

젊은 교사들에게 '출근거부증후군'이 쉽게 나타난다는 사실은 제1부에서 서술했습니다. 특히, 사회경험이 부족한 젊은 교사들 중에서도 혼자 생활하고 있는 사람은 직장에서 문제가 생기면 출근을 못하게 되는 경우가 있었지요. 출근하려는 의지는 있지만, 심신의 이상증상으로 인해 집을 나서지 못하거나, 집을 나선다고 해도 학교까지는 가지 못하는 것입니다.

대부분의 '출근거부증후군'은 업무상의 어려움에 봉착했을 때 나타납니다. 관리직이나 동료 혹은 학생이나 학부모와의 관계로 고민하거나, 자신에게 벅찬 일이 맡겨져서 해내고 싶어도 도저히 해낼 자신이 없는 경우가 바로 그런 예가 될 수 있지요. 이러한 스트레스로 인해 도피하고 싶은 내적 갈등이 생기게 되고, 갈등 회피의 한 형태로 구토증상 및 노곤함과 같은 이상증세가 나타나 출근을 못하게 되어버리는 것입니다.

이러한 교사의 경우 2, 3일의 유급휴가를 받아 쉰다고 해도 얼마 지나지 않아 다시 컨디션이 나빠지게 됩니다. 그러면 '이건 마음의 문제일지도 몰라' 라는 생각에 정신과 진료를 받고는 진단서와 함께 월 단위의 병가를 내곤 하지요. 그러나 직장에 복귀해도 또다시 몸과 마음에 이상증세가 나타나 병가와 복귀를 계속 반복하게 되는 구조입니다.

병가와 복귀를 반복하다 보면, 본인 역시 점점 더 자신감을 잃게 되고 주변의 신뢰 역시 잃어갑니다. '그 선생님은 복귀했지만, 언제 또 병가를 낼지 몰라'라는 식으로, 직장 내에서 따돌림 당하기 쉽겠지요. 그렇게 되면 될수록 내적 갈등은 더욱 깊어지고 건강이 악화되는 악순환이 발생할 것입니다.

직장복귀훈련의 의의와 중요성

이러한 사례의 대응책으로 가장 중요한 것을 꼽으라면 적절한 치료를 받은 후 복직 준비 단계에서의 재활훈련, 다시 말해 직장복귀훈련을 들 수 있습니다. 컨디션이 나빠질 때마다 정신과에서 진료를 받고 진단서를 발급받아 병가나 휴직을 신청하는 것만으로는 근본적인 해결책이 될 수 없지요. 실제로 치료에서부터 복직에 이르는 과정까지의 계획적인 준비 조치가 마련되어 있지 않아, 휴직과 복직을 반복하는 사례는 많이 있습니다. 따라서 '출근거부증후군'의 사례뿐만이 아니라, 휴직한 교사가 복직할 즈음에 이루어지는 직장복귀훈련은 유효한 재활시스템이라고 할 수 있지요.

직장복귀훈련은 원칙적으로 휴직 기간 중에 실시됩니다. 직장복귀훈련에는 두 가지 의의가 있습니다. 한 가지는 일상적인 근무를 위해 심신을 서서히 적응시킨다는 재활의 기능입니다. 그리고 다른 하나는 한 사람의 교사로서 업무 수행이 가능한가를 판단하는 기능이지요.

그렇다면, 직장복귀훈련은 실제로 어떻게 실시되고 있는지 알아보겠습니다.

우선 직장복귀훈련의 개시 시점은 자택요양 혹은 입원치료를 통해 어느 정도 심신의 상태가 회복된 단계에서 시작합니다.

직장복귀훈련은 각 지자체의 요강 등으로 규정되어 있으며, 그 기간이나 실시 순서는 지자체별로 차이가 있습니다. 직장복귀훈련은 각각 다른 종류나 내용이라고 해도, 일정 정도 병의 증상이 회복을 보이는 단계에서 객관적으로 계획된 프로그램을 통해 직장적응훈련을 실시한다는 점은 동일하지요.

또한 직장복귀훈련은 보통 해당 교사가 근무 중인 학교에서 실시합니다. 학교현장에서 복직준비의 일환으로 휴직 전의 교직 기술을 재습득하게 하거나 인간관계를 정비해 나가게 하지요. 훈련 중에 다양한 교직 업무를 체험하고 이를 통해 교사로서의 자신을 돌아보는 성찰의 기회를 가질 수도 있습니다. 그렇게 함으로써 또다시 부적응에 빠지지 않도록 하는 재발방지의 효과를 기대할 수 있지요.

전형적인 프로그램의 예를 살펴보면, 3개월의 기간을 3단계로 나눕니다.

1단계는 출근 그 자체를 연습하거나 동료와의 교류가 중심이 되며, 직장의 분위기에 익숙해지는 시기입니다. 2단계는 지도안을 작성하고 동료 교사의 수업에 참관하는 것이 중심이 되고, 이로써 교사의 직무를 눈으로 익히는 훈련을 하는 시기입니다. 3단계는 관리직의 지도 하에 실제로 시범수업을 하는 시기라고 할 수 있지요. 이와 같은 세 단계를 거쳐 해당 교사의 복직여부가 결정됩니다. 복직은 각 교육위원회에 설치된 심사위원회와 건강상담실을 통해 객관적으로 이루어집니다.

직장복귀훈련은 휴직 중에 당사자의 신청으로 이루어지는 것이 원칙입니다. 그렇기 때문에 관리직과 담당 의사가 훈련을 권유해도, 당사자의 동기와 의욕이 부족하면 가시적인 효과를 볼 수 없지요. 또한 관리직과 담당 의사가 적절한 조치와 판단을 내리지 못한 경우에는 형식적인 훈련에 그쳐버리고, 훈련 그 자체도 실효성을 잃어버리는 경우까지 발생합니다. 특히 장기휴직자의 경우에는 복직하기 전에 받아야 할 필수적이고 중요한 과정이므로, 추후에는 행정측면의 시책으로 직장복귀훈련을 제도화하고 이를 적절하게 실시할 방안의 마련을 강력하게 요구해야 하겠습니다.

또한 일부의 지자체에서는 교원전문병원 등의 의료기관에서도 직장복귀훈련이 이뤄지고 있는데요. 이것은 소속 학교에서 실시하는 훈련의 전 단계에 해당하며, 보다 제대로 된 치료 효과를 볼 수 있기 때문에, 일련의 복귀지원 프로그램으로서는 한층 진일보한 시스템이라고 할 수 있겠습니다.

복직을 위한 조건

그럼 복직을 위해서는 어떠한 조건들이 필요할까요. '출근거부증후군'의 교사에게만 한정된 것은 아니지만, 정확히 짚고 넘어가고자 합니다.

첫째, 문자 그대로 병의 회복정도입니다.

복직하기 위해서는 기본적으로 병들었던 마음 상태가 본래의 건강한 수준으로 회복되었는지를 확인해야 하지요. 여기서 주목해야 할 점이 있습니다. 병의 회복 정도란 어느 정도의 치료 시간과 치료 과정 속에서 환경과의 상호작용 결과를 통해 비로소 판단할 수 있게 되는 것입니다. 따라서 한 번의 진찰과 면담만으로는 옳은 판단을 내리기 어렵지요. 설령 진찰실에서는 다 나은 듯이 미소를 짓는다 해도, 학교 현장에서 갑자기 침울해져버린다면 '교사로서' 제대로 회복했다고 말할 수 없을 겁니다. 따라서 회복의 정도는 담당 의사의 진찰결과를 바탕으로 하여 직장복귀훈련에 따른 스트레스 상황하에서도 증상이 재발하지 않는지, 즉 병증의 안정화라는 관점에서 판단해야 합니다.

둘째, 교사로서의 역량과 적성에 대한 평가입니다.

복직하기 위해서는 교사로서의 직무수행능력이 당연하고도 필수적이지요. 아무리 병이 호전된 듯하다고 해도, 역량이 부족하다고 판단되면 복직할 수 있다고 볼 수는 없습니다. 현실적 문제로 원래부터 교직이 적성에 맞지 않았던 교사가 '마음의 병'을 얻은 경우라면 복직한 후에 다시 '마음의 병'이 재발할 위험도 있겠지요. 그러므로 직장복귀훈련을 실시하는 데 있어, 관리직은 복직희망교사의 교직관련 적성을 재평가해야 한다는 점을 확실히 인식해야 합니다.

셋째, 관리직과의 관계입니다.

관리직과의 인간관계는 휴직기간에는 물론 복직한 후에도 큰 영향을 미칩니다. 관리직과의 사이가 좋지 못하면, 병이 나은 후 복직을 해도 현장에서 직무를 충분히 완수하지 못하는 사태가 발생할 수도 있기 때문이지요. 또한, 현장에서 병의 회복 정도나 교사로서의 적성을 상대적으로 판단하는 것은 관리직입니다. 제 경험상, 관리직이 비협조적이거나 해당 교사와의 관계가 원만하지 못한 상태에서 교사의 복직이 원활하게 이루어진 사례는 거의 없었습니다. 그러므로 교사 본인과 관리직이 서로 냉정한 대응과 원만한 인간관계를 조성하는 일에 신경을 쓰는 것이 무엇보다 중요합니다.

넷째, 동료와의 관계입니다.

원활한 복직을 위해서는 동료와의 관계를 잘 유지하는 일도 필수적입니다. 동료와의 인간관계는 직장 내 스트레스의 경감요인이자 부담요인이기도 하지요. 즉, 복직 후에 직무를 제대로 수행할 수 있느냐 없느냐는 동료와의 관계에 달려있다고 해도 과언이 아닙니다. 그런 의미에서도 직장복귀훈련의 첫 번째 단계에서는 교무실 등 여러 장소에서 동료들과 충분히 교류하고 좋은 인간관계를 형성하는 것이 매우 중요합니다.

다섯째, 두말할 필요도 없이 학생이나 학부모와의 관계입니다.

학생은 좋든 싫든 직접적인 감정표현을 합니다. 이러한 학생과의 관계 조정 역시 직장복귀훈련의 3단계, 특히 시범수업 중에 신중하게 이루어져야 할 것입니다. 또한 학부모와의 관계는 휴직 전 상황에 따라 좌우되기 쉽습니다. 관계가 좋은 편이었다면 걱정과 격려의 말을 건네는 학부모도 있겠지요. 그러나 휴직의 원인이 학부모와의 갈등에서 비롯되었다면, 학부모가 복직의 걸림돌이 되는 경우도 적지 않습니다. 경우에 따라서는 학부모가 항의를 하거나, 복직을 막으려는 경우도 발생하니까요. 따라서 학부모의 이해와 협력을 얻을 수 있도록 관리직 주도하에 그들과의 관계를 조정해두는 것이 중요하겠습니다.

위와 같이 직장복귀훈련은 관리직, 동료, 의료담당자가 연대하여 해당 교사를 지원하면서, 적절하고 원활한 복직을 지원하는 것을 핵심으로 하는 과정입니다.

자질이 부족한 교사에 대처하는 방법

'마음의 병'과 지도력 간의 관련성

교사의 '마음의 병'에 있어서 가장 심각한 문제는 적성이나 지도력과의 관련성이라고 할 수 있습니다.

현재, 공립학교에서 근무하고 있는 교사 중에는 분명히 교직에 적합하지 않은 교사가 있는 것이 사실입니다. 본래부터 교사가 적성에 맞지 않음에도 불구하고 교직을 선택한 탓에 적응하지 못하고 정신과 진료를 받으러 오는 교사도 있지요. 이와 같은 교사의 자질 문제는 현대의 공교육 현장에서는 간과할 수 없는 중요한 과제이기도 합니다.

문부과학성은 2003년도에 전국 공립학교에서 '지도력부족교원'으로 판정된 교사가 총 481명이라고 공표했습니다. 이 수치는 2000년도에는 65명, 2001년도에는 149명, 2002년도에는 289명으로 대폭 증가하고 있다는 사실도 밝혀졌지요.

이처럼 지도력이 부족한 교원이 증가하는 배경에는 문부과학성이 각 지자체의 교육위원회에 지도력부족교원에 관한 평가시스템을 도입하여, 인사조치 개선을 촉진하고 있는 것도 한몫을 하고 있습니다. 전국 시도 지방자치단체의 교육위원회 중 교사의 지도력평가시스템을 도입한 교육위원회는 2004년 4월 1일 현재, 52곳에 이릅니다. 문부과학성은 그 외의 교육위원회에도 이 같은 평가시스템의 정비를 요청하고 있어 지도력부족교원으로 판단되는 교사의 수는 이후에도 계속해서 증가할 것으로 예상되는 상황이지요.

여기서 지도력부족교원의 정의에 대해서 확실히 해두고 갈 필요가 있습니다. 현재까지는 이에 대한 전국 공통의 개념 규정이 없는 듯하지만, 일반적으로는 다음의 세 가지 사항을 들 수 있을 것입니다. 첫째, 교과 관련 전문지식과 기술부족. 둘째, 지도방법의 부적절성. 셋째, 학생의 마음을 이해하는 능력과 이해하고자 하는 의욕의 결여. 그 결과로 학습지도와 학급운영 및 생활지도를 적절히 수행하기 어렵다는 것이 지도력부족교사의 정의라고 볼 수 있겠습니다.

또한 문부과학성의 조사에 따르면, 2003년도에는 전국 52개의 교육위원회에서 지도력부족교원(총 481명) 중 298명이 지도력 향상을 위한 연수를 받았다고 합니다. 이 중 현장으로 복귀한 교사는 97명, 권고사직 대상이 된 교사는 88명이었다고 보고되었지요.

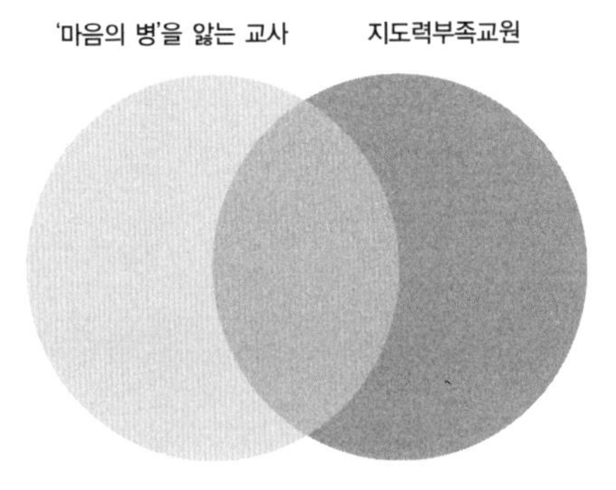

▶ '마음의 병'을 앓는 교사와 지도력부족교원 사이의 그레이존(gray zone)

지도력부족으로 평가받은 교원 중에는 물론 본인의 노력이나 의욕 부족으로 인해 학생지도를 제대로 해낼 수 없었던 교사도 있을 것입니다. 그러나 원래부터 본인의 성격과 자질이 교사의 직무에 적합하지 않아서, 본인 나름의 노력을 해봐도 적절하게 지도할 수 없는 사람이 대부분이라는 것이 필자의 생각입니다. 제가 교원전문병원의 정신과 의사로서 진료해온 경험에서 보자면, 안타깝게도 교직이 적성에 맞지 않는 교사가 의외로 많습니다. 학교현장에 적응하지 못한 나머지, '마음의 병'으로 진단받은 사례는 통계나 숫자로써 나타내지 않더라도 수면 아래의 빙산처럼 상당수에 이른다고 볼 수 있습니다. 즉 위의 도표와 같이 '지도력부족교원'과 '마음이 아픈 교사' 중 양쪽 모두에 속하는 그레이존은 결코 적지 않은 셈입니다.

이제 교직이 적성이 맞지 않는 교사의 사례를 들어보고자 합니다.

적절한 학생지도가 불가능한 K교사의 사례

K교사는 36세의 남성으로 초등학교 교사입니다.

교사 경력이 길지만, 지금까지 시내 초등학교 여기저기로 옮겨가며 자주 전근을 다녔다고 합니다.

K교사는 지금의 학교로 부임한 지 3년째 되었지만, 동료 교사들 사이에서는 '민폐형 교사'로 낙인이 찍힌 상태입니다.

말하자면 학습지도, 생활지도, 교무분장 등 업무 전반에 걸친 근무태도가 무책임 그 자체이기 때문인데요. 수업 시간에도 수업을 할 마음이 없으면 바로 학생들에게 자습을 시키고 자신은 교무실로 돌아와

버리곤 합니다. 기분이 좋은 날이면 학생들의 기분은 개의치 않고 방과 후까지 과외 수업을 할 정도로 열정을 보이기도 하지만, 학급 전체에 대한 배려는 전혀 없었던 것 같습니다.

관리직과 동료 교사들이 가끔 주의를 주면, 자신만의 독특한 교육 이념에 대해서 이야기할 뿐, 현실적인 교육 방침은 전혀 세우지 못했습니다. 당장 그 자리에서는 주변 사람들의 조언을 듣는 척하지만, 뒤돌아서면 자기 기분이 내키는 대로 행동해버리기 일쑤였지요.

이런 K교사의 태도는 아무리 시간이 지나도 변하지 않았기 때문에, 점점 동료 교사들도 그를 상대하려고 하지 않았습니다. K교사는 중요한 학교행사나 교무분장이 산적해 있어도 자신의 책무를 다하려는 자세를 보이지 않았지요. 상황이 이렇다보니 동료 교사들 역시 K교사에게 맡기느니 차라리 자신들끼리 해치우는 쪽이 마음 편하다고 생각하게 되었습니다. 그러나 K교사는 아무리 동료들로부터 따돌림을 받아도 전혀 개의치 않았고, 변함없이 자기 기분 내키는 대로 학교생활을 계속했습니다.

K교사는 수업에 들어갈 마음이 없을 때는, 이따금씩 실습 핑계로 아이들을 운동장에서 놀게 하거나 가까운 공원에 데리고 나가기도 했습니다. 그러나 이런 일이 빈번하게 일어나자, 학부모들의 이런저런 항의 전화가 관리직에게 쏟아질 수밖에 없었습니다.

교장은 계속된 지도나 시정요청에도 불구하고 전혀 태도가 변하지 않는 K교사를 보며 '그가 마음의 병에 걸린 것은 아닐까'라는 생각이 들어, 그에게 정신과 진료를 받아보라고 권유했습니다. 그러던 차에 K교사가 전에 근무했던 학교에서도 관리직에게 이끌려 정신과에 간적이 있었으나, 진찰했던 의사로부터 '인격적인 문제여서 치료하기는 힘들다'는 소견을 들었다는 사실이 밝혀졌습니다. 이러한 과거 사정을 알게 된 교장은 교육위원회의 건강상담창구에서 소개받은 병원으로 다시 K교사를 데리고 가게 됩니다.

소개받은 병원의 의사는 삼자 면담을 거듭하며, K교사가 '교사의 책무'에 대해 자각할 수 있도록 독려해주었지요. 그러나 자신의 단점을 지적받았다고 느낀 K교사는 오히려 격분했습니다. '병원이란 환자의 마음을 치료해 주는 장소여야 한다. 그런데 진료를 받을 때마다 의사가 내게 설교를 하려고 드니 매우 불쾌하다. 교장도 의사도 의도적으로 나를 괴롭히고 있다. 나는 부당한 대우를 받고 있다.' 라는 투서를 병원 창구에 보내기도 했습니다.

할 수 없이 교장은 교육위원회 측과 논의한 끝에, 결국 K교사를 지도력부족교원으로 보고하게 되었다고 합니다.

지도력부족교원을 평가하는 것은 필요악인가

K교사의 경우는 인격적 편향성으로 인해 주변 사람들이 어떻게 다뤄야 좋을지 몰라 곤란을 겪는 사례입니다. 정신의학에서는 '인격장애' 라고 불리는 것으로, 협의적 해석으로는 '마음의 병'이라고 정의내리기 어려운 경우지요. 그러나 오늘날 학교현장에서는 이 같은 부적응 교사가 마음의 문제로 정신과 진료를 받는 경우가 적지 않습니다.

K교사와 같은 경우는 정확히 말하자면 교사로서의 적성이나 자질이 없기 때문에, 휴가를 받거나 휴직을 한다 해도 근본적인 개선을 기

대하기는 어렵습니다. 교육자로서 학생을 잘 지도할 수 있게 하기 위해서라도 교사연수나 엄격한 지도관리가 필요한 케이스라고 볼 수 있지요.

그렇다면, 교사의 적성이란 과연 무엇을 말하는 것일까요.

1993년 구 문부성의 보고서에는 교사의 자질에 대해 '교사로서의 사명감, 인간의 성장·발달에 대한 깊은 이해, 학생을 대하는 교육적 애정, 교과 등에 관한 전문적 지식, 넓고 풍부한 교양, 그리고 이들을 기반으로 한 실천적 지도력이 요구된다.'라고 명시되어 있습니다.

이러한 적성 및 자질은 개개인의 성장과정에서 길러집니다. 그리고 나서, 대학의 사범계열 학과에 입학하여 학생지도방법을 습득하고, 교원으로 채용된 후에도 현장 수업이나 각종 연수를 통해 습득해 가는 것이지요.

그러나 타고난 적성과 자질이 부족하다면 교원이 된다고 해도 학교현장에 좀처럼 적응하지 못하기 마련입니다. 구체적으로 살펴보면 학급붕괴가 반복되거나, 학생들이 수업내용을 전혀 이해하지 못하거나, 학생에게 적절하게 대응하는 못하는 상황들이 발생하지요. 이러한 실태를 배경으로 문부과학성의 주도하에 지도력부족교원 평가시스템이 추진되고 있습니다.

지도력부족교원으로 분류되면, 앞서 서술한 23개의 교육위원회에서 실시중인 연수를 의무적으로 받아야만 합니다. 해당 교사는 재직중인 학교에서 정원 외 교원으로 분류되어 관리직의 감독하에 혹은 연수센터 등에서 연수를 받게 되지요. 연수 내용은 교감의 업무를 보좌하는 일이나 교무전반에 관련된 것이며, 개선의 여지가 보이면 교장과 부장교사의 감독하에 시범수업을 실시합니다. 연수성과는 매년 판정회의에서 평가를 받게 되지요. 3년간의 유예기간 내에 개선의 여지가 없고, 복직의 가능성이 보이지 않으면 교사로서의 적합성 결여라는 이유로 배치전환과 해고처분의 대상이 되는 제도입니다. 최근에는 전혀 개선의 여지가 보이지 않는 경우, 1년 안에 연수를 종료하는 제도도 추가로 마련되었습니다.

공교육의 사명이라는 측면에서 보면 이러한 평가제도는 건전한 교육활동을 유지하기 위해 반드시 필요하다고 말할 수 있습니다.

왜냐하면 적성과 자질 문제가 심각하여 학생지도력이 현저히 떨어지는 교사들에게는 연수가 불가결하기 때문입니다. 그리고 충분한 연수를 일정 기간 받고 있음에도 불구하고 개선의 여지가 전혀 나타나지 않는다면 퇴직과 전직이 부득이하겠지요. 그런 의미에서 이 제도 자체는 '필요악'이라고 할 수도 있겠습니다.

평가제도의 적절한 운용을 위하여

그러나 이러한 지도력부족교원 평가시스템의 내용이나 실제적인 운용에 있어서는 여러 가지 문제점을 지적할 수밖에 없습니다.

우선은 교육위원회에 평가를 신청하는 당사자인 교장의 견해에 크게 좌우된다는 점, 그리고 교실붕괴와 같은 문제는 단지 교사의 지도력 부족만을 원인으로 꼽을 수 없으며 이러한 사례는 얼마든지 발생할 수 있다는 것입니다. 또한, 지도력부족교원의 제외규정은 '정신질환 그 밖의 질병 이외의 사유'로 명시되어 있으나, 질병과 부적응은 다른 차원의 문제이며 이 두 가지 역시 명확한 선을 긋기 어렵다는 점을 들 수 있습니다.

향후 문부과학성도 각 지자체의 교육위원회에 적성이 부족한 교사에 대한 검토를 위탁하기로 결정했습니다. 이에 덧붙여 교원 채용방법에 대해서도 개선책을 검토하고 있다고 합니다. 사범대학의 성적과 필기시험을 중시했던 기존의 방식에서 벗어나, 인성이나 면접을 중심으로 교사 지원자의 적성을 신중히 판단해야 할 필요가 있습니다. 시작이 중요하다는 사실은 새삼 재론할 필요가 없겠지요.

이처럼 교사의 지도력 평가와 적성 및 자질 향상을 목적으로 연수를 실시하는 등 이런저런 시책들은 교육현장의 활성화로 이어집니다. 더 나아가서는 교사 자신이 직장 내에서의 부적응 상황에 빠지지 않고, '마음의 병'에 걸리지 않기 위한 예방책으로서도 유효하다고 할 수 있지요. 원래부터 교사가 적성에 맞지 않는 사람이었다면 자신에게 더 잘 맞는 직업을 찾게 되는 전기(轉機)가 될 수도 있을 것입니다.

그렇지만, 경우에 따라서는 교육현장의 자유분방한 분위기를 저해하는 요인이 될 수도 있겠지요. 또한, 관리직과 교사들 사이의 인간관계를 악화시킬 수 있다는 우려도 부정할 수 없습니다.

실제로 수도권의 초등학교에 근무하고 있는 어느 교사가 "'지도력이 부족하다'고 생각되는 선생님은 실제로 존재합니다. 그렇지만, 교장선생님이나 관리직 측도 자신들이 받을 평가를 지나치게 의식한 나머지, 너무 쉽게 부하 교사를 지도력부족교원연수에 보내버리는 듯합니다."라는 의견을 신문에 게재하기도 했었지요.

교사 입장에서 보면 지도력부족으로 판정받을 수 있다는 불안감에 교육활동이 경직될지도 모릅니다. 그 결과, 교사 자신이 받는 업무관련 스트레스가 필요 이상으로 증가하여 오히려 마음 건강에 해를 끼칠 수도 있지요.

다음은 의료의 관점에서 본 문제입니다.

예를 들어 문부과학성의 발표에 따르면, '우울증으로 갑자기 병가를 내고, 학생들에게 예고 없이 자습을 시키는' 교사를 지도력부족교원으로 판정했다고 합니다. 지도력부족교원의 제외규정에 '정신질환 그 밖의 질병 이외의 사유로'라고 적혀 있으므로, 우울증도 병이 아니라고 단정할 수 없지요. 그런 관점에서 보면 앞서 말했던 지도력부족교원 판정은 부적절한 것이 되는 셈이지만, 실제로 원래부터 이 교사의 지도력이 부족했기 때문에 우울증을 앓게 된 것인지, 아니면 우울증에 걸렸기 때문에 갑자기 학교를 쉬게 된 것인지를 판단하는 것은 어려운 일입니다.

따라서 이 제도를 운용할 때에는 교육행정가를 비롯하여 현장의 관리직과 의료 전문가로 구성된 세 축의 입장을 고려해 신중하게 판단을 내려야 할 것입니다.

위와 같이 지도력부족 교원의 판정을 필두로 한 행정적 시책을 실시하는 데는 무엇보다도 적정하고 신중한 운용이 요구됩니다. 부적응 교사를 더 이상 배출하지 않기 위해서라도 평가제도나 연수제도, 채용제도를 더욱 정비해 나갈 필요가 있겠지요. 교사 개인의 마음 건강과 공교육 전체의 장래를 고려한다면, 가혹한 말처럼 들릴지 모르겠지만, 적성과 자질이 부족한 교사는 교사로 있어서는 안 된다고 생각합니다.

곤란한 입장에 놓인 학교의 관리직

관리직 부적응은 무엇이 문제인가

현재의 학교현장에서는, 관리직 역시 책임을 지는 입장으로서 심신의 피로가 누적될 수밖에 없는 상황입니다.

관리직 자신이 '마음의 병'에 걸려 정신과 진료를 받는 경우도 적지 않습니다. 관리직으로 승진한 교사가 '마음의 병'에 걸린 경우에는 약을 먹어가면서라도 어떻게든 직무를 완수하려고 노력하는 사람이 비교적 많은 것 같습니다. 진료실에서 고민을 털어놓고 상담을 받으면서 스스로 마음을 다독여, 무사히 회복해 가는 관리직도 적지 않지요.

하지만 그중에는 관리직이 적성에 맞지 않는다고 생각되는 교장이나 교감이 없지 않습니다. 최근에는 교장, 교감의 관리능력 부족이 문제가 되는 경우가 이전에 비해 많이 늘었습니다.

2001년도에 문부과학성은 능력부족 등을 이유로 교장과 교감이 강등된 경우를 조사했습니다. 조사에 따르면, 2000년부터 2001년도 9월 1일까지 희망강등제도를 실시한 6개의 교육위원회에서 38명이 강등됐다고 합니다.

이 결과를 토대로 생각해 보면 관리직으로 승진했지만 교사를 관리하는 직무에 적응하지 못하고 스스로 강등을 신청한 교장과 교감이 있다는 이야기인데요. 즉 관리직이 되고 나서야 비로소 학생과 직접 대면하는 일반교사의 직무 쪽이 본인에게 더 잘 맞는다고 것을 자각한 사람도 있다는 것이지요.

이처럼 관리직이 맞지 않는다는 사실을 스스로 깨닫고 강등을 신청하는 경우는 책임감이 강한 관리직이라고 할 수 있습니다. 또한 자신이 '마음의 병'에 걸린 경우에 주변 사람들에게 민폐를 끼칠 수 없다며 깨끗이 그만두는 관리직도 있지요. 반대로 관리직으로서 맡은 역할을 제대로 수행해내고 있다고는 말할 수 없는 교장과 교감도 실제로 존재합니다. 특히, 관리직이 교사의 심신의 이상을 파악하지 못한 결과, 교사의 '마음의 병'을 악화시키는 예도 종종 나타납니다.

여기에서는 관리능력에 문제가 있는 교감의 사례를 살펴보도록 하겠습니다.

적절한 대응이 불가능한 D교감의 사례

D교감은 48세의 남성으로 현재 중학교에서 근무하고 있습니다.

관리직으로 승진한 지 2년 정도 되었고 아직 교감의 업무에 충분히 익숙해지지 못한데다, 교사들의 건강관리에 대한 지식도 거의 없었지요.

이런 D교감이 어느 날, 다른 교사로부터 N교사의 상태가 이상하다는 보고를 받았습니다. N교사는 30대 중반의 남교사로, 꼼꼼하고 빈틈없는 노력가 타입이었기 때문에 지나치게 무리한 나머지 이상증상이 나타나게 된 것이었지요. 그러나 '마음의 병'에 대해 공부해 본 적도, 흥미를 가진 적도 없었던 D교감은 그냥 내버려두면 머지않아 괜찮아질 것이라고 상황을 낙관하고 있었습니다.

그런데 N교사는 얼마 지나지 않아 명확한 우울증 상태를 보이는 듯했고, 출근조차 어려울 정도로 힘겨워하기 시작했습니다. 그는 교무실에 와서도 아무 말 없이 머리만 감싸 쥐고 있을 뿐이었지요.

그래서 D교감은 N교사를 불러 "학교를 쉬면 동료와 학생들에게 폐를 끼치게 될 테니 힘을 내서 한번 버텨봐요. 마음먹기 나름이니 할 수 있다고 생각하면 분명 할 수 있을 겁니다."라며 질타 섞인 격려를 했지요. 그러나 N교사는 D교감의 '동료와 학생들이 피해를 입는다'는 말에 오히려 자책감에 빠져 괴로워하게 되었습니다.

N교사의 상태는 더더욱 악화되어 결국 출근도 할 수 없게 될 지경에 이르렀습니다. 그래서 D교감은 교장과 상의도 하지 않은 채 N교사에게 '정신과 진료를 받고 진단서를 받아오도록' 지시했지요. N교사가 진단서를 받자마자 D교감은 그 자리에서 바로 교육위원회에 제출했고, 당사자인 N교사에게는 '더 이상 출근하지 않아도 좋다'고 통보했습니다.

N교사는 학교에서 병가를 받은 후, 담당 의사의 소견대로 입원하게 되었습니다. 그러나 D교감은 병문안은커녕, 그저 남의 일이라는 듯 수수방관할 뿐이었지요.

어느 날 N교사의 담당 의사에게서 "N교사가 근무할 때의 상황을 자세히 듣고 싶습니다."라는 전화가 학교로 걸려 왔습니다. 때마침 교장이 자리를 비워 D교감이 전화를 받았는데, 그는 "학교의 책임자는 교장선생님이니, 교장선생님께 문의하세요."라며 대답을 회피했다고 합니다. N교사의 입원 기간 중에는, 담당 의사와 N교사, 그리고 관리직의 삼자 대화조차 이루어지지 않았습니다.

N교사의 병가 종료시기가 다가올 무렵, D교감은 자기 마음대로 휴가연장이 필요하다고 판단했습니다. 담당 의사에게 N교사의 정확한 회복상황을 확인하지도 않고, 교육위원회에 접수가 늦어지는 것만 우려해 다시 진단서를 발행받아 제출하라는 지시만 전달했지요.

이렇게 해서 N교사는 병가를 연장하게 되었고, 결국 휴직으로 처리되어버렸습니다. 휴직 기간 중, N교사는 입원치료가 끝났음에도 자택 요양을 계속할 뿐이었습니다. 학교 측에서는 직장복귀훈련과 같이 N교사가 복귀할 수 있도록 지원해줄 준비가 마련되어 있지 않은 상태였기 때문입니다.

D교감의 사례는 관리직으로서 마음이 아픈 교사에 대해 부적절하게 대응했다고밖에 볼 수 없는 경우입니다. 교사의 이상 징후를 제대로 파악하지 못하고, 대화를 나누려는 자세도 없이, 인사관리의 관점에서만 대처하고 있지요. 이래서는 N교사가 원활하게 복직하는 날은 당분간 요원할 뿐입니다.

관리직으로서 교감의 업무는 상당한 부담을 동반하는 격무입니다. 게다가 교사의 건강관리에 있어서도 교감이 취해야 할 행동의 영역은 광범위해서, 항상 교장과 긴밀히 협조하면서 적절한 조치를 강구하지 않으면 안 될 것입니다.

교사의 마음을 병들게 하는 교육개혁

적어도 학교의 관리직은 다른 행정조직의 관리직과 비교했을 때 꽤 특수한 입장이라고 할 수 있습니다. 앞에서도 논의했지만, 학교는 알기 쉬운 수직구조의 조직이 아니라, 수평구조의 교사 집단을 관리하는 교장과 교감이라는 관리직이 있지요. 그렇기 때문에 소수의 관리직인 교장과 교감에게 부과된 책임은 다양하면서도 중대하고, 심리적·사회적 스트레스도 보통 이상인 경우가 많습니다.

특히 교감의 경우, 임용과 동시에 업무 내용이 완전히 달라지게 됩니다. 지금까지 학생을 직접 담당하여 지도해왔던 사람이 어느 날 갑자기 관리직 업무를 수행하게 되는 것입니다. 더욱이 승진과 동시에 전근을 가기 때문에 환경 변화에서 발생하는 스트레스는 어쩌면 당연한 것이겠지요.

게다가 교감의 책무 중 가장 곤란한 것은 교육위원회의 방침을 교사에게 전달하여 그것을 실행시켜야 한다는 점입니다. 교육위원회의 지시와 교사의 반발 사이에 끼어 있다 보니, 심리적 부담이 가중되어 '샌드위치증후군'에 빠지는 교감도 적지 않습니다.

교육행정 측의 방침은 좋든 싫든 관리직과 교사 쌍방에게 정신적 자극을 주는 요인이 되고 있습니다.

예를 들면, 1992년부터 실시된 학습지도요령에서는 '새로운 학력관'이 제창되었습니다. 즉 종래의 교육방침을 전환하여 '유토리(여유) 교육'과 '살아가는 힘을 육성하는 교육'을 요구하기 시작했지요. 새로운 지침으로 이제 더 이상 기존의 지도 방침이 통용되지 않게 되자 곤혹스러워하는 교사도 적지 않았습니다.

게다가 2002년부터 도입된 신(新)학습지도요령에서는 '확실한 학력을 쌓게 한다'는 내용이 강조되었지요. 교과 내용을 30% 가까이 줄여 종합적인 학습시간을 도입하고자 하는 '유토리교육'을 추진하는 한편, 최근 몇 년간 학력저하 현상에 관해 학자들의 비판이 쏟아지고 있는 점과 학부모들이 불안감이 높아지고 있는 점을 감안하여 '학력향상'을 슬로건으로 내걸었지요.

한쪽에서는 '여유를 갖자'고 하고, 다른 한쪽에서는 '학력을 신장시키자'라고 하니 현장의 교사들이 혼란스러워하는 것도 무리는 아닙니다. 또한 이러한 교육위원회에서의 방침을 대변하여, 현장의 교사에게 전달해야 하는 입장에 서 있는 학교 관리직의 고충을 상상하기는 그리 어렵지 않지요. 상부로부터의 방침만을 강요당하는 교사도 괴롭겠지만, 그것을 교사 전원에게 전달해 실행시켜야만 하는 관리직, 특히 교감은 양자 사이에 끼어 난처한 입장이 되어버리기 일쑤입니다. 자신에게 맡겨진 임무를 성실히 수행하려는 교감일수록 그 스트레스의 정도는 증가할 수밖에 없습니다.

그렇다면, 어떻게 해야 교감의 업무부담을 경감시킬 수 있을까요?

도쿄도에서는 2003년도부터 부장교사(主幹)제도를 도입했습니다. 부장교사직은 교장, 교감과 같은 관리직의 아래에 위치하지요. 교사로서 학생에게 교과지도를 하고, 그 외의 교무분장도 담당하면서 관리직과 교사를 연결하는 역할을 합니다.

부장교사제도를 도입함으로써 관리직과 교사 간 의사소통이 원활해질 것이라는 기대도 있습니다. 또한 중간관리직으로서 양측의 입장 사이에 끼어 있는 교감의 심리적 부담이나 복잡다단한 업무 역시 적잖이 경감될지도 모르겠습니다.

다만, 실제로 운용단계에 들어서면 이번에는 부장교사직 쪽이 관리직과 교사들 사이에 끼여 교감 이상으로 과중한 책임을 떠맡아야 하는 상황도 예상할 수 있습니다. 부장교사제도의 도입에 따라 학교운영이 더 잘 이루어질 수도 있겠지만, 더욱 혼란스러운 사태가 생길 수도 있는 것입니다.

어쨌든, 중간관리직 특유의 스트레스 요인은 그렇게 간단히 해결될 문제 같지는 않습니다.

교장들이 느끼는 인사고과평가의 고충

그렇다면, 관리직인 교장의 입장은 어떨까요.

교장의 중요한 직무 중 하나는 인사관리입니다. 학교의 교육활동을 차질 없이 운영하기 위해서 교장은 교사들의 심신 건강에 유의해야 합니다. 이것은 직장의 관리감독자에게 부여된 안전배려의무 중 하나입니다. 여기에 교사의 적성과 능력을 판단하는 것 역시 중요한 업무지요.

여러 차례에 걸쳐 주장한 바와 같이, 최근 학교현장에서는 학생들의 집단따돌림, 학교폭력, 등교거부 등의 문제가 이슈화되고 있습니다. 교사에 관한 문제로는 '마음의 병'으로 인한 휴직자가 증가하고 있다는 사실이 주목을 받고 있지요. 게다가, 최근에는 교사의 지도력 부족이나 부적응 현상도 새로운 문제가 되고 있습니다.

여기에 더해 사회적 요청에 부응하여 인사관리의 관점에서 실시하는 교사의 근무평가가 현실화되었습니다. 이 근무평가는 교장의 인사관리 업무를 명확하게 드러내는 한편, 관리직으로서 교장의 위치를 복잡하게 만드는 동시에 교장의 업무량을 늘리는 측면도 있습니다.

교사근무평가의 예로 도쿄도교육청은 2000년도부터 인사고과제도를 도입했습니다. 이 제도는 지금까지 형식에 불과했던 근무평정과는 달리, 평가를 급여와 근무지 이동 등에 반영시키고자 하는 시도였기 때문에, 전국의 공립학교와 교육위원회의 주목을 받았지요. 당시에 이미 다른 지자체에서도 도입을 추진하고 있는 상황이었습니다.

인사고과제도의 내용을 좀 더 자세히 살펴보면 다음과 같습니다.

우선 학년 초에 교사 스스로 교장에게 자기신고서를 제출합니다. 자기신고서에는 '학습지도'와 '생활지도' 등에 관해 연간 목표 및 목표 달성을 위한 구체적인 방법을 기입합니다. 관리직은 이 자기신고서를 바탕으로 학년말에 '학습지도', '생활지도·진로지도', '학교운영' 및 '특별활동·기타'의 항목에 대해 '능력', '의욕', '실적'을 각각 5단계로 나누어 절대평가를 실시하고, 최종적으로 '종합평가'를 5단계로 표시합니다. 각 교육위원회는 이것을 기초로, 교육위원회에 소속된 전체 교원을 상대평가하여, 이를 급여와 인사이동 등에 직접적으로 활용하는 제도입니다.

이러한 근무평가에 대해서는 물론 찬반양론이 존재합니다.

찬성 측에서는 '교원의 능력과 의욕 향상으로 이어질 것이다', '교원을 적정한 곳에 배치할 수 있다'라든가, '자질이 없는 교원의 대처에 유효하다'는 의견이 존재하지요.

반대 측에서는 '교육은 평가의 대상이 될 수 없다'라고 이전부터 이야기해오던 기본적 입장에 더해 '결과를 숫자로 나타낼 수 있는 업무가 아니기 때문에 평가가 어렵다', '평가를 하는 관리직과 교원의 교육관이 다르면, 결과적으로 평가는 성립될 수 없다', '각 학교마다 상황이 다르기 때문에 공정성 확보가 어렵다'는 의견 등을 제시하고 있습니다.

이는 분명히 어려운 문제입니다. 지도력부족교원의 증가세가 심각해지고 있는 상황에서 적절한 평가제도가 필요하다는 것은 틀림없는 사실이지요. 학교현장에도 소위 성과주의를 도입하여, 목표관리를 근무에 반영하는 것은 교사의 자질 향상이나 자각을 촉진하기 위해서라도 총론적으로는 반드시 실시해야만 하는 제도라고 봅니다. 그러나 그와 동시에 각론적으로 문제가 있다는 사실도 간과해서는 안 되겠지요.

예를 들어, 교사 측에서는 '교장만 바라보는 교사들이 증가하고 있다', '교장의 재량에 따라 관리가 과도해지는 경향이 있다'는 목소리가 나오고 있습니다. 역으로 교장 측에서는 '인사고과제도가 도입되고 나니 업무량이 폭증해 너무 힘들다'는 의견도 들어오는 상황입니다.

즉, 교장의 입장에서 보면 기본적으로 평가 자체도 쉽지 않은데다, 이를 수치화하여 평가해야만 한다는 사실에 상당한 부담을 느낄 수밖에 없어, 업무량의 증가로 인식하게 되지요.

이 제도가 실시되면 대규모 학교에서 근무하는 교장의 경우에는 몇십 명, 학교에 따라서는 백 명이 넘는 교사의 자기신고서를 처리해야 하는 현실적 문제가 발생하지요. 개별 교사의 신고서에 맞춰 평가를 실시하기 위해서는 수업 참관도 해야 합니다. 게다가 교육위원회에 제출할 보고서도 작성해야 하지요. 보고서의 내용 여하에 따라서는 관리직 자신이 교육위원회로부터 관리직으로서의 지도력 부족에 대한 주의를 받는 경우가 생기기도 합니다.

만약 적성이 맞지 않는 교사가 문제라도 일으키게 되면, 그 문제의 수습에 고심하게 됩니다. 인사고과 면에서 문제교사에 대한 평가는 당연히 낮을 수밖에 없고, 그로부터 인간관계가 필요 이상으로 불편해지는 경우가 생길 수도 있겠지요.

여하튼 현재의 학교현장에서 교장의 권한이 확대된 것은 확실하지만 교장의 심리적 부담 또한 상대적으로 증가했다는 것 또한 분명합니다. 관리직 스스로가 자신의 마음건강을 해칠 수 있는 위험성 역시 더욱 증가하고 있지요. 따라서 우선 중요한 것은 관리직 스스로가 마음건강의 중요성을 인식함과 동시에 자신들이 학교정신건강의 열쇠를 쥐고 있다는 사실을 자각해야 합니다. 그러기 위해서는 적극적으로 마음건강을 관리하기 위한 연수에 참가하거나, 지자체의 건강상담센터를 비롯해 의료기관과도 긴밀하게 협력하는 것이 무엇보다 중요할 것입니다.

학교 정신건강을 관리하게 될 양호교사

양호실은 학교 정신건강관리의 1차 기관

최근에는 양호실로 등교하는 학생이 증가하는 등의 사례에서 나타나듯이 양호교사의 역할이 이전과 비교할 수 없을 정도로 중요해지고 있습니다. 게다가 앞으로는 양호교사가 교사의 마음 상담까지 담당하게 될 것이라고 예측할 수 있지요.

학교현장에서 양호실은 아동과 학생뿐만 아니라, 교사를 포함한 마음건강관리의 1차 기관이 되며 양호교사는 그 전문가여야 합니다. 2차 기관으로서 교육위원회 등에 설치된 건강상담창구가 있고, 3차 기관은 외부의 의료기관이라고 할 수 있지요. 이러한 체재가 정비된다면, 학교의 정신건강관리를 보다 구체적으로 추진할 수 있으리라 기대합니다. 이를 위해서는 학교 내부 교직원들의 이해, 문부과학성과 각 지자체 교육위원회의 행정적 시책, 의료 종사자의 지원 등이 반드시 필요하지요.

그런데 실제 상황에서는 학생지도만으로도 벅차서 도저히 교사의 마음 문제까지 관여할 여유가 없다는 의견이 있을 수도 있습니다. 그럼에도 저는 양호교사가 학교 전체의 정신건강을 담당하게 되면 양호교사 자신의 업무도 이전보다 더 원활하게 처리될 가능성이 있다고 봅니다. 양호실 등교 문제만 보더라도, 양호교사와 담임교사의 견해가 달라 쌍방이 스트레스를 받는 경우도 있습니다. 그러나 양호교사가 일상생활에서부터 해당 담임교사의 심리 상태를 파악하고 있다면, 문제 해결을 위한 적절한 대처가 훨씬 용이해지겠지요.

오늘날, 학생들이 안고 있는 심신의 문제에는 여러 가지 복합적인 요소가 얽혀 있습니다. 양호교사나 담임교사만으로 해결하는 지금까지의 방식에서 탈피하지 않으면, 문제 수습에 지친 나머지 마음이 병드는 교사와 양호교사는 더욱 증가할 것입니다. 그렇기 때문에 더더욱 양호실이라는 장소가 교사와 양호교사가 연대하고, 덧붙여 교사 자신의 마음도 치유할 수 있는 공간이 될 수 있기를 바랍니다.

무엇보다도 양호교사는 다른 교사보다 의학이나 보건학에 관한 지식을 가지고 있지요. 그러므로 교사가 여러 가지 신체적 이상증상을 호소하는 경우, 그를 바탕으로 마음의 건강 여부에 대해 파악하기 쉽습니다. 예를 들어 잠을 잘 수 없다, 머리가 아프다, 토할 것 같다는 증상을 호소하는 교사에게 아픈 학생을 대할 때와 마찬가지로 적절한 어드바이스를 할 수 있는 위치에 있는 셈이지요.

다시 말해, 양호실을 찾는 교사들에게 컨디션이 나빠진 원인이 스트레스 상황에서 오는 것일지도 모른다고 주의를 환기시켜주는 일은 매우 중요합니다. 그런 경우에는 교사의 지친 마음을 부드럽게 풀어주고, 긴장된 어깨의 힘을 풀어주는 식의 대응이 필요하겠지요. 이때, 학생들에게 일상적으로 사용하는 건강상담방법은 기본적으로 교사에게도 활용가능할 것입니다.

아직까지 학교현장에서는 교사의 마음과 심리적 문제에 대한 대처가 양호교사의 직무라고 명시되어 있지 않습니다. 1997년 구 문부성 보건체육심의회의 문서에서도 양호교사의 새로운 역할로서 건강상담이 요구되고 있으나, 이것은 학생들에 한한 지침으로, 교사의 마음 문제에 대한 범위까지는 명시되어 있지 않지요. 그러나 실제로는 솔선수범하여 교사가 '마음의 병'에 걸리지 않도록 예방하기 위해 적극적으로 노력하고 있는 양호교사도 많이 있습니다. 양호실에서 교사의 고민을 듣고 교사의 심신건강 유지와 향상을 도모하는 학교가 최근 증가하고 있지요.

덧붙여 필자의 경험을 보아도, 양호교사와 함께 진료를 받으러 오는 교사들의 경우가 빠른 회복을 보이곤 했습니다. 이는 양호교사가 교사의 이상증세를 가장 먼저 알아채고, 신속하게 대응한 덕분이겠지요. 반면 비교적 회복이 느린 경우는 관리직에게 이끌려 방문하는 교사였습니다. 이런 경우는 이미 학교현장에서 정상적으로 직무를 수행할 수 없는 지경에 이르러, 바로 진단서를 발급받고 싶다고 찾아온 사례가 많기 때문이었지요.

다음으로는 '마음의 병'에 걸린 교사에게 적절하게 대응한 양호교사의 사례를 들어보고자 합니다.

적절하게 대응한 R양호교사의 사례

R교사는 47세의 여성으로 중학교에서 근무하는 양호교사입니다.

현재 근무하는 중학교에서 아무 문제없이 직무를 수행하고 있지요.

동료 교사들과의 관계도 원만하며, 관리직에게도 신뢰를 받고 있습니다. 학생들의 건강관리뿐만 아니라, 교사들의 고민에도 편하게 상담해주는 양호교사였기 때문에 학교에 없어서는 안 될 존재였습니다.

R교사는 항상 학생들이나 교사들의 신체적·심리적 변화에 세심하게 신경을 썼고, 대처하는 방법도 적확했습니다. 또한 학교주치의나 직장에 관련된 의사들과도 자주 연락을 취하고, 의학이나 보건학에 관한 지식 또한 충분히 갖추고 있었습니다. 게다가 양호교사들 간의 스터디를 비롯해 기타 연수에도 적극적으로 참가하면서 다른 학교의 양호교사들과도 깊은 교류를 나누고 있었지요.

이러한 R교사는 어느 날 L교사의 상태가 조금 이상해졌다는 것을 느낍니다. L교사는 30대 초반의 여교사로, 부임한 지 5년차에 성실하고 의욕 넘치는 우수 교사였습니다. 늘 명랑하고 기운차던 L교사가 양호실에 와서, "요 며칠 계속 구토가 멈추지 않는데, 혹시 약을 받을 수 있을까요?"라고 물었지요. R교사는 곧바로 L교사의 증상이 신체적 이상 증상만은 아니라고 판단하고 L교사의 이야기를 들어보기로 합니다.

L교사의 '마음의 병'은 동료 교사와의 인간관계에서 비롯되었습니다. 올해 전근해 온 동료 교사와의 관계가 썩 좋지 못하다고 털어놓았지요. 그 동료는 L교사와 같이 영어를 담당하는 20대 중반의 젊은 여교사입니다. L교사는 선배로서 현재 근무 중인 학교의 교육방침 등을 전달하려고 했습니다. 그러나 입시지도를 중심으로 하는 중학교에서 온 그녀는 L교사의 말에 일일이 반박하곤 했지요. "아직도 이런 교육방침을 고수하고 계세요? 지금은 규제완화시대에요. 교과서에 나오는 기초만 가르치면, 다른 학교에 뒤처져버리게 된다고요."라고 주장했습

니다.

그들이 근무하는 이 학교는 창립 40년이 된 공립중학교로, 학부모가 이 학교의 졸업생인 경우도 드물지 않습니다. 학부모와 지역주민은 학력향상보다는 그저 아이들이 건강하게 잘 자라기를 바라는 분위기였지요. 이러한 분위기에 익숙한 L교사는 기초학력을 확실히 길러주기 위한 수업에 중점을 두었고, 가능한 많은 학생이 수업에 흥미를 갖고 참여할 수 있도록 지도하고 있었습니다.

그러나 교과별 회의시간이 되면 그 동료 교사는 매번 L교사에게 '이렇게 해서는 학생들의 학력이 향상될 수 없다'는 비판을 하곤 했습니다. 그리고 그 교사는 관리직에게도 '아이들의 학력을 좀더 향상시킬 수 있도록 지도법을 변화시켜야 한다'고 설득했지요. 관리직도 그 동료 교사의 지도방식을 참신한 시도로 평가해, L교사에게 '잘 보고 배워서 앞으로의 교과지도에 도입해보라'는 지시를 내렸다고 합니다. L교사는 지금까지 자신이 해 온 모든 일들을 부정당한 기분이 들어, 완전히 위축되어 버렸지요.

그 일 이후로, 그 동료 교사를 중심으로 다른 영어교사들이 대화를 나눌 때에도 L교사는 외톨이가 되어 혼자 겉돌게 되었습니다.

L교사는 그 무렵부터 점점 집중력을 잃어갔습니다. 식욕도 없어졌고, 억지로 먹으려 하면 구토 증세가 나타났지요. 수업 중에도 머리는 멍하고 몸은 무거워 결국 양호실에 찾아온 것이었습니다.

양호교사인 R교사는 곧바로 L교사가 심각한 상태임을 눈치챘습니다. 그래서 교육위원회의 건강상담창구와 다른 학교의 양호교사에게 전화를 걸어 적절한 치료를 받을 수 있는 의료기관에 대한 정보를 수

집했지요. 정보에 의하면 가장 좋은 기관은 교원전문병원이었지만, 그 병원은 전철로 2시간 가까이 걸리는 곳인지라 통원치료를 하기는 어려울 듯했습니다. 그래서 R교사는 교원전문병원의 상담창구에 문의를 해, 근처의 다른 병원을 소개받을 수 있었지요.

소개받은 병원의 담당 의사는 세심하게 진료를 해 주었습니다. R교사는 L교사가 진료를 받을 때는 반드시 동석하였습니다. 또한, R교사는 L교사의 치료가 시작되면서 학교에서 그녀의 건강상태를 객관적으로 관찰하여 담당 의사에게 보고하는 일도 게을리하지 않았지요. 심각한 우울증에 걸렸던 L교사는 이렇게 병가를 내지 않고도, 통원치료만으로 병을 극복해낼 수 있었습니다.

담당 의사는 L교사에게 '동료와 억지로 잘 지내려고 할 필요는 없어요. 직장 내의 인간관계는 오히려 적당한 거리감이 필요하니, 적절한 곳에서 선을 긋는 게 좋아요.'라고 충고했고, 이 말은 L교사의 마음을 편하게 해 주었습니다.

이 경우는 양호교사의 노력에 의해 일반교사가 마음의 건강을 회복한 좋은 예시라고 할 수 있겠습니다.

양호교사는 교사들의 성격이나 상황을 파악해둔다

R교사의 사례를 보더라도, 양호교사의 지원과 협력이 교사의 마음 건강을 지키는 데 얼마나 중요한 요소인지 잘 알 수 있습니다.

미래의 학교현장은 더더욱 다양화되고 복잡화되어 교사들이 '마음의 병'에 걸리기 쉬운 환경이 될 것 같습니다. 그러므로 저는 양호교사가 학생의 건강관리뿐만 아니라, 교사의 심신상태에 대해서도 주의 깊게 살피고 적절히 대처해 주었으면 좋겠다는 생각입니다.

다음으로는 양호교사가 학교현장에서 구체적으로 어떤 대응이나 처치를 해야 하는지에 대해 서술하고자 합니다.

우선 교사 스스로가 자신이 놓인 스트레스 상황을 신속히 깨닫고 인정하는 것이 중요합니다. 그러기 위해서는 교사를 위한 '스트레스 체크리스트' 등을 활용해 정기적으로 자기점검을 하는 것도 하나의 방법이 되겠지요. 다음 페이지의 표에 이 셀프체크리스트의 한 가지 사례를 제시해 보았습니다. 또한 자기점검 이상으로 교사 자신에게 알맞은, 효과적인 스트레스 해소법을 찾을 수 있도록 충고하는 것 역시 유효한 대처법이라고 할 수 있겠습니다.

때로는 교사가 심한 우울증에 빠져서, 의욕을 완전히 상실하는 경우도 있기 마련이지요. 예를 들면 학생지도와 학급운영, 학부모 대응 등에 지쳐서 우울증에 걸린 교사에게는 격려를 해도 반응이 돌아오지 않는 경우가 있습니다. 또한, 뭔가 이상하다고 생각은 하지만 어떻게 대처해야 좋을지 알 수 없는 까닭에 당황하며 동료 교사를 통해 양호교사에게 상담을 신청해오기도 합니다.

그때 양호교사는 정신과 의사의 진료가 필요하다고 판단되는 경우라면 가능한 빨리 병원진료를 권해주어야 합니다. 그러나 실제로는 어떻게 진료를 권할 것인지에 대한 문제가 그리 간단하지만은 않지요. 동료 교사의 마음에 상처를 주지 않으면서 부드럽게 이야기를 꺼낼 수 있는 방법을 평상시에 미리 익혀둘 필요도 있겠습니다.

교사를 위한 스트레스 셀프체크리스트

아래에 제시한 항목 중, 최근 1개월간에 해당하는 항목에 체크를 해주세요.

- □ 식욕이 저하되거나 과식하는 경향이 있다
- □ 담배나 커피의 양이 늘었다
- □ 술에 취하면 푸념을 늘어놓는다
- □ 한밤중에 자주 잠이 깬다
- □ 자주 현기증이나 메스꺼움을 느낀다
- □ 아침부터 몸과 머리가 무겁다
- □ 출퇴근시에 자주 초조하고 불안해진다
- □ 학생과 스쳐지나가도 말하고 싶지 않다
- □ 교무실에서 대화가 줄었다
- □ 학급 전체를 통솔하기 어려워졌다
- □ 학생의 이야기를 들을 여유가 없어졌다
- □ 학생의 반응을 살피지 않고 일방적으로 수업 진도를 나간다
- □ 학생을 자주 야단친다
- □ 학부모에게 연락하는 것이 귀찮아졌다
- □ 동료 교사의 단점이 눈에 띄기 시작했다
- □ 이전보다 교장이나 교감의 의견에 비판적이 되었다
- □ 학교 행사준비가 귀찮다
- □ 시험 채점에 실수가 늘었다
- □ 교무실 책상이 지저분하다
- □ 교육 관련 잡지를 읽지 않게 되었다

0~5 스트레스 컨트롤 양호
6~10 스트레스 주의상태(주의 필요)
11~15 스트레스 컨트롤 불량(휴양 필요)
16~20 스트레스로 인한 부적응 상태(상담 필요)

나카지마 가즈노리, '마음의 휴식 시간'(學事出版, p.172 발췌)

교사 본인의 인간관계가 관련되어 있기 때문에, 교사가 품고 있는 마음의 문제는 가까운 주변 사람들에게 상담하기 어려운 면도 존재합니다. 양호교사 자신이 도울 수 없다고 판단될 경우, 학교주치의에게 연락하는 것도 하나의 방법이겠지요. 평소에 학교주치의와 좋은 유대관계를 맺고 있다면 상황설명을 하고 우선 진찰을 의뢰하는 것이 좋습니다. 그렇게 한 후에, 해당 교사가 상처받지 않도록 조심스럽게 정신과를 소개하거나 진료에 동행하는 등, 치료의 길라잡이 역할을 해주는 편이 좋겠지요.

덧붙이자면, 양호교사는 주위에 어떤 의료기관이 있는지도 파악해 둘 필요가 있습니다. 가능하다면 가볍게 상담을 받을 수 있는 정신과 의사나 상담사가 주변에 있는 쪽이 든든하겠지요. 교사 본인이나 동료 등으로부터 상담 의뢰가 있을 경우에 이들이 징검다리 역할을 해줄 수 있기 때문입니다.

심리적 우울상태에 있는 교사는 자신을 과도하게 책망하거나 깊은 고민에 빠지기 십상입니다. 자신 스스로를 부정적으로 평가해버리고, 고독과 불안에 휩싸이지요. 게다가 관리직과 동료들이 좋은 뜻으로 말을 건네거나 배려를 해도, 그런 말에 오히려 상처를 받아 상태를 악화시키는 일조차 있습니다. 교사생활을 계속하는 것에 자신감을 잃고, 죽는 편이 낫겠다는 생각을 하는 경우조차 있지요.

따라서 교사의 성격, 혹은 교사가 놓인 상황이나 배경까지 염두에 두고 어떻게 접근해야 도움이 될지를 생각해야만 합니다. 여기까지 배려한 후에 전문적인 의료기관을 소개해 가는 수순을 밟으면 좋을 듯합니다. 이것은 오로지 양호교사이기에 가능한, 중요한 교육적 연대작업의 하나라고 할 수 있습니다.

고민하는 교사를 도와줄 때는 한계선을 그어둔다

교사가 지도방법 등으로 고민하고 있을 때 동료들의 이해와 협력을 얻기 위해, 형식상으로는 어느 학교에서든 학년회의와 직원회의와 같이 다양한 장이 마련되어 있습니다.

그러나 이러한 장에서 실제로 문제를 제기하여 지원을 요청한다 해도 좀처럼 구체적인 해결방법을 찾지 못한다거나, 오히려 지도방법에 대해 비판받아 위로를 받기는커녕 오히려 자신감을 잃게 되는 경우도 있지요. 즉, 상담과 지원 시스템이 충분치 못한 학교가 적지 않다는 것도 사실입니다.

한편, 양호교사는 학생의 심신 안정에 항상 빈틈없이 신경을 쓰고 있어야 합니다. 또한 그러한 정보를 담임교사와 직장에 공유함으로써 문제 해결에 중요한 역할을 담당할 수 있을 겁니다. 예를 들어, 어느 초등학교에 등교거부학생이 있다고 해볼까요. 해당 학교의 양호교사는 담임교사와 긴밀히 연락을 주고받으며 학생이 등교하도록 도울 수도 있고, 학생의 문제를 홀로 떠안은 담임교사의 심적 부담을 줄여줄 수도 있습니다. 그중에는 양호교사의 주도하에 학교 외부의 전문가를 초청하여 어드바이스를 받거나 관련 연수 등을 기획하여, 학교 전체의 정신건강향상을 도모하는 실천적인 사례도 적지 않지요.

따라서 교사의 마음문제에 대해서도 양호교사가 혼자서 과중한 부담을 짊어질 필요는 없습니다.

우선은 동료 교사들과 교류하는 학교의 일상생활 속에서 세심한 배려를 통해 '이 사람이라면 믿을 수 있겠다'는 신뢰 관계를 구축하는 것이 중요합니다. 그런 이후에 동료 교사가 마음 속 고민을 끌어안고 괴로워할 때 자연스럽게 상담 상대가 되어주는 쪽이 바람직하겠지요.

그때, 상대가 토로하는 괴로운 속내를 진지하게 받아들이는 자세가 중요합니다. 그러나 어떻게든 도움을 주고 싶다는 생각이 강하면 강할수록 자신의 한계를 잊게 되는 경우도 있지요. 따라서 자신이 어느 선까지 도움을 줄 것인지에 대해 결정하고, 양호교사 홀로 모든 짐을 짊어지지 않도록 해야 합니다.

예를 들어 교사에게 마음 문제가 생기는 배경에는 학교현장에서의 업무 관련 스트레스뿐 아니라, 가족문제 등 다양한 요인이 결부되어 있는 경우도 있기 마련입니다. 혹은, '마음의 병'이 심각하여 하루 빨리 약물치료가 필요하다고 판단되는 경우도 있을 수 있겠지요. 지원할 수 있는 영역이 자신의 한계를 넘어섰다고 느꼈을 때는 학교 밖 전문가와 연대를 도모하는 등, 대처방법을 유연하게 전환할 필요가 있습니다.

요약하자면 양호교사 혼자만의 힘으로 모든 것을 해결하려 해서는 안 된다는 의미입니다. 고민하는 교사를 제대로 돕기 위해서는 자신의 한계를 정확히 아는 것 또한 중요하니까요.

아이들의 정신건강 — '마음교육'의 어려움

교사와 학생의 심리적 상호 작용

학교란 학생이 지식을 쌓고 학력을 키우는 공간일 뿐만 아니라, 몸과 마음을 풍요롭게 성장시키는 장이기도 합니다. 그러므로 교육은 아동이나 학생 개개인의 인격형성에 관여하여 그들의 자기성장을 지원하는 일이라고 할 수 있지요.

그러나 최근의 학교현장에서는 학생의 마음을 성장시키는 일이 녹록치 않다는 생각이 듭니다. 예전에는 학교폭력 등의 문제를 처리하느라 힘들어 하는 교사들의 모습에 주목하던 시기가 있었지요. 그 이후로도 집단따돌림, 등교거부, 최근에는 교실붕괴의 문제, 청소년 상해사건 등 우려스러운 일들이 계속해서 빈번하게 발생하고 있습니다.

이 같은 사태를 학교의 정신건강이라는 관점에서 살펴보면, 교사뿐만이 아니라 학생의 정신건강 역시 중요한 문제라고 할 수 있습니다.

학교에서 교사와 학생의 정신건강은 자동차의 양쪽 바퀴와 같은 관계라고 할 수 있습니다. 집단따돌림이나 학교폭력처럼 학생들에게 나타나는 '마음의 병'은 그들과 접하는 교사의 행동과 심리에 여러 가지 영향을 끼치기 마련입니다. 반대로 교사가 '마음의 병'을 앓는 경우,

학생이 받는 영향 역시 적지 않지요.

이런 점 때문에라도 교사와 학생의 정신건강 문제는 학교의 정신건강이라는 포괄적인 관점에서 접근해야만 합니다.

동료 교사와의 인간관계가 무너져서 반응성 우울증에 빠진 교사가 있다고 해 볼까요. 당연히 학생교육활동에 차질이 생기겠지요. 세심하게 학생을 배려하지 못하게 되다 보니, 무의식중에 심한 말을 내뱉거나 해서 어린 학생의 마음에 큰 상처를 주는 경우도 있습니다. 최근에는 PTSD(외상 후 스트레스장애)라고 할 만큼, 학생의 인격 형성에 장애가 생기는 사례까지 발생하지요.

혹은 담임 학급에 문제 학생이 있어, 수업을 진행할 수가 없다고 가정해 봅시다. 이런 경우, 교사는 해당 학생의 학부모와 면담을 하거나 학부모회를 개최하는 일들을 처리하느라 과로하기 쉽고 이로 인해 건강에 이상이 오는 경우도 있습니다. 학생의 문제행동 때문에 우울 상태에 빠져 버리는 사례는 숱하게 많습니다. 즉, 한쪽에 문제가 생기면, 다른 한쪽도 마음이나 몸 어딘가에 이상증상이 생길 위험성이 높아지는 셈이지요.

이처럼 상호간에 악영향을 끼치게 되는 상황이 바람직할 리 없습니다. 그러나 현실에서는 교사와 학생 사이에서 이와 같은 심리적 상호작용이 반드시 발생하게 됩니다. 또한 이러한 심리적 상호작용이 없다면 이런저런 교육이 제대로 이루어질 리가 없을 테지요. 교사가 그저 칠판에 필기를 할 뿐 상호간의 마음 교류가 없다면, 학생들을 적절하게 지도하는 일은 불가능하게 되지요. 교사 역시 학생을 이해하려는 고민이 없다면 교직에 대한 보람은 느낄 수 없을 것입니다.

그러므로 교사와 학생의 심리적 상호작용을 긍정적인 방향으로 이끌어 나가려는 시도가 필요하다고 생각합니다. 만약, 어느 한쪽이 '마음의 병'에 걸려 교과지도와 학생지도가 제대로 이루어지지 않는 경우, 이것을 교사 자신이 혼자서 해결할 수 있다면 좋겠지만, 그러기 어려운 경우가 종종 있습니다. 따라서 관리직이나 다른 동료 교사들이 적정선에서 개입하여 도움을 줄 수 있는 체제를 조성하는 일이 중요하다고 판단됩니다.

학생의 문제행동과 개성편중의 폐해

산라쿠병원의 신경정신과에서 외래진료를 받는 교사의 수는 1998년 무렵부터 급증하고 있습니다. 1998년은, 중학교 남학생이 여교사를 살해한 사건이 있었던 해입니다. 이 사건으로 상징되듯이 교사를 상대로 한 폭력이 재차 격하게 나타난 해지요. '분노조절장애 학생'이 증가해, 교실붕괴 역시 사회 문제가 되었습니다.

그런데 최근 몇 년간, 집단따돌림은 감소하고 폭력 행위는 증가했다고 합니다.

통계상의 수치에도 나타나지만, 1995년을 정점으로 하여 집단따돌림은 감소하고 있는 반면, 폭력 행위는 증가하고 있지요. 특히 1980년대 초반에 정점을 찍었던 교사대상 폭력은 현재 다시 증가세에 들어서 제2차 정점을 맞이하고 있다고 보고되었습니다.

이는 공격성이라는 마음의 문제에서 보면 일종의 시소현상일지도 모르겠습니다. 집단따돌림이 감소한 만큼 학생의 공격성이 폭력성에서 그 출구를 찾아, 교사대상 폭력이나 학교 기물파손 등의 행위로 나타나는 것이라고 생각할 수 있기 때문입니다.

한편, 등교거부는 여전히 줄어들지 않고 있습니다. 등교하지 않고 은둔형 외톨이가 되면 적어도 폭력은 휘두르지는 않을 것으로 생각하기 쉽지만, 이는 큰 착각입니다. 가정 내에서의 폭력도 발생하고 있고, 등교거부 학생이 유아나 동물 등 약자에게 폭력을 휘두르는 사례도 상당수 있으니까요. 게임에서 사람을 죽이다가 어느 날 갑자기 현실 속의 사람을 때려보고 싶다고 말하는 아이들도 나타나고 있는 실정입니다.

공격성은 현실 속에서 부정할 수 없는, 생존을 위한 인간의 본성입니다. 결국, 집단따돌림과 폭력 행위의 관계는 학생들의 마음속에 있는 공격성이 바깥으로 도출된 것에 불과하다고 해석할 수도 있겠습니다.

게다가 학생들이 안고 있는 문제는 더욱 복잡해지고 다양해졌지요. 과도한 입시경쟁에서 받은 스트레스로 신경증적인 증상과 부적응 상태에 놓인 학생들이 많이 눈에 띄고 있습니다. 또한, 등교거부 및 집단따돌림 문제뿐만 아니라 집단행동을 하지 못하는 학생도 발생하고 있지요. 최근 주목받기 시작한 LD(학습장애)와 ADHD(주의력결핍 과잉행동장애) 등 다양한 장애를 가지고 있는 학생에 대처해야 하는 상황 역시 계속해서 늘어만 가고 있습니다.

현재, 필자는 이처럼 다양한 학생들에게 둘러싸인 교사가 학급운영에 대해 고민하느라 과도한 스트레스 상황에 노출되고 있는 학교현장의 상황을 자주 접하고 있습니다.

그렇다면, 요즘 학생들의 변화는 도대체 어디에서 기인하는 것일까요?

이전부터 학교현장에는 '학생의 개성을 신장시키자'라는 말이 끊임없이 주창되었습니다. 물론 이것이 결코 나쁜 의미는 아닐 겁니다. 그러나 '개성'만을 너무 중시한 나머지, '인내력'을 기르는 데 지장을 초래하는 경우가 있습니다. 이러한 점도 학생들의 문제행동을 조장하는 하나의 원인이라고 할 수 있겠지요.

사례 중 하나로, 수업 중에 잡담하던 학생의 부모를 불러 상담을 했더니 "그건 우리 아이의 개성이니 꾸짖지 말아주세요. 선생님께서 좀 더 아이들의 개성을 중시해 주시면 좋겠네요."라는 대답이 돌아오더라는 이야기를 들은 적이 있습니다. 이런 상황에서 과연 교사의 지도력이 학생에게 미칠 수 있을까요.

학교 교육이란 학생들에게 최소한도의 집단 규범에 따르게 한다는 전제하에 비로소 성립가능한 조직적 운영체계입니다. 최소한도의 집단행동을 어느 정도 요구할 것인지에 관한 문제는 이와 같은 학교교육의 기본 전제하에 융통성 있게 조정할 수 있어야 하겠지요.

그런데 사람이 지켜야 할 도리의 논리적인 순서를 무시한 채, 규범이 어기는 것조차 개성이라고 주장한다면, 학교현장에서의 집단교육은 이루어질 수 없습니다. 수업 중에 잡담을 하지 않는다는 건 최소한도의 집단규범이지요. 이것을 준수함으로써 자신다움을 주장할 수 있다고 하는, 진정한 의미를 개성을 재확인해야 할 것입니다.

논리나 규범이라고 하면 고리타분한 말처럼 들릴지도 모릅니다. 그러나 이것들을 소홀히 하면 결과적으로 아이들의 정신적 성숙과 인격의 발달에 심각한 영향을 초래하고 말 것입니다. 진정한 의미의 개성존중은 논리와 규범이 확립되고 나서야 비로소 성립된다는 점은 분명한 사실입니다. 이 문제에 대해서는 제3부에서 다시 한 번 논의하도록 하겠습니다.

교사를 보는 눈이 변했다—사라져버린 '스승의 은혜'

교사를 향한 존경이 사라졌다

이전의 교육현장에는 '스승의 은혜'라는 말이 있었습니다. 학생들은 물론이고 학부모와 지역주민, 사회일반에 교사를 존경하는 마음이 있었지요. 하지만 이제 그 말은 희미한 과거 속으로 사라져가고 있다는 느낌이 듭니다.

최근, 한 신문사의 조사에 따르면 교사나 경찰, 그리고 의사에 대한 신뢰가 떨어지고 있다고 합니다. 분명, 교사가 체벌이나 외설행위 등 불미스러운 사건에 연루되어 언론에서 거론되는 사례는 수도 없이 많지요. 그러나 성실하고 열의를 가진 교사들까지 그런 문제 교사들과 한데 묶어서, 아무리 분발해도 존경이나 좋은 평가를 받지 못하는 오늘날의 풍조가 교사들의 사기를 꺾고 있는 것 또한 사실입니다.

따라서 교사가 왜 '마음의 병'에 걸리는지에 대해 고찰해 보면, 현재 사회에서 교사를 바라보는 시선이 변화한 것도 그 원인 중 하나가 될 수 있겠지요.

이것은 곧, 교사를 둘러싼 사회 환경이 변했다는 의미이기도 합니다.

예전에는 공교육을 지지하려는 의식이 사회전반에 있었고, 학부모와 지역주민들은 교사에게 매우 협조적이었습니다. 그러나 지금은 학부모나 지역주민의 교육력이 땅에 떨어졌고, 그 역할을 전부 학교에게 떠맡기고 있습니다. 초등학교 때 가정과 지역에서 이루어져야 하는 '예절교육'이 중학생, 고등학생이 되어서도 여전히 이루어지지 않고 있는 것이지요.

논리, 도덕, 사회규범의 문제도 예전에는 가정과 지역 안에서 자연스럽게 익힐 수 있는 환경이었습니다. 전철이나 버스에서 소란을 피우면 부모에게 야단을 맞거나, 주변 어른들로부터 주의를 받았습니다. 그러나 '자유'를 존중하는 사회가 되면서 지금은 부모가 자녀를 꾸짖지 않게 되었고, 지역주민들도 이제는 더 이상 남의 집 아이에게 훈계하는 일이 없어지게 되었지요.

좀 극단적으로 말하자면, 젓가락 쥐는 법까지 가르쳐 달라는 소리를 듣는 직업이 현재의 교사들입니다. 과거에는 가정과 지역에서 일상적인 예의범절들을 가르치고, 학교에서는 집단교육을 통해 부족한 점들을 보충해 나가는 구조였지만 이제는 학교에서 그 모든 것을 다 가르쳐야만 하는 상황이 되었다는 게 문제입니다.

교사에게 기대하고 요구하는 사항들은 해가 갈수록 많아지는데, 반대로 학생들을 열정적으로 지도해도 좋은 평가를 받는 일은 갈수록 줄어들고 있습니다. 교과지도와 학생지도에 분투해도, '그 선생님은 젓가락 쓰는 법도 가르쳐 주지 않는다'는 비난이 돌아오기 십상인 사회가 되었지요. 이러한 세태 속에서 '공무원인 교사들이 더 노력하는 건 당연한 일'이라는 분위기가 만연하고 있습니다. 교사 때리기가 상대적으로 증가하고, 교사와 학부모 간의 신뢰관계는 붕괴 상태에 이르렀다고 해도 과언이 아닙니다.

과거에는 교사가 비행청소년에게 엄격한 주의를 주면 학부모는 "선생님, 저희 아이를 꾸짖어 주셔서 감사합니다."라고 감사해 하거나, "저희 아이가 폐를 끼쳐서 죄송합니다."라고 사죄를 하곤 했습니다. 그리고 지역주민들로부터는 "저 선생님, 훌륭하신 분이야."라는 평가를 들었지요.

그러나 요즘은 학부모나 주변 사람들에게 이 같은 감사와 위로의 말을 듣는 것은 꿈도 꾸지 못합니다. 문제가 많은 가정의 학생을 등교시키려고 열심히 가정방문을 해도, 그 노력을 제대로 평가받는 데는 한계가 있지요. 오히려 반대로 '사생활을 침해하고 있다', '우리 집 교육방침에 간섭하려든다'는 이유로, 관리직과 교육위원회에 학부모가 직접 항의를 하는 경우도 드물지 않습니다.

이러한 현실에서 심신이 지쳐 스트레스를 받는 교사들의 사례는 숱하게 나타납니다. 특히 교육에 높은 이상을 가지고 있는 교사일수록, 최선을 다하고 있는데 좋은 평가를 받지 못하는 현실이 견디기 힘들다는 생각을 하게 되지요. 노력을 보상받지 못하고, 성취감과 만족을 얻지 못하기 때문에 결국 탈진해서 '마음의 병'을 앓게 되어버립니다.

비단 교사뿐만이 아니라 사람이라면 누구나 자기 자신이 주변으로부터 신뢰받지 못한다고 느끼는 경우, 자기긍정감이나 자존감의 기반이 약해지기 마련입니다. 자기긍정이 약해지면, 이 상태는 좌절감으로 이어져 탈진증후군에 걸리게 되지요. 특히 교사는 교과지도와 학생지도에서 좋은 평가를 받지 못하는 상황이 발생하기 쉽고 그들을 존중해 주는 사회적 기반마저 잃어버린 오늘날의 현실을 생각한다면, 교사가 '마음의 병'에 걸리기 쉬운 것은 어쩌면 당연한 일이 아닐까요.

즉 교사라는 직종이 놓여 있는 현재의 사회 상황이 '마음의 병'을 낳는 토양이 되고 있는 셈입니다.

학교교육의 장래는 가정이나 지역사회와의 연대에 달려있다

최근에는 학부모를 응대하는 일 자체도 교사의 업무를 가중시킵니다.

예전과 비교하면 학부모의 권리 의식이 강해졌기 때문이지요. 학교의 교육방침에 대해 일방적으로 자기주장만을 하는 학부모도 늘어나고 있습니다. 혹은 자기 자녀의 교육에만 과도하게 관심을 보이는 학부모들도 적지 않습니다. 게다가 방치에 가까운 양육태도를 보이는 학부모나, 학교만 가면 된다고 생각하는 무관심한 학부모도 있지요.

한편으로는 고학력자인 학부모들이 증가한 것도 학부모 권리 강화의 요인이 되고 있습니다. 고도경제 성장시대 이후, 대학 진학률이 상승하여 현재의 초등학교에서는 대졸 학력의 학부모가 적지 않습니다. 고학력자인 학부모가 교사에게 압력을 행사하는 일도, 학부모회 등에서 사소한 말꼬리를 잡아 문제를 삼는 학부모도 예전과 비교하면 확실히 증가하고 있습니다. 이런 학부모를 상대하는 일은 무척이나 조심스러워서, 교사에게는 작은 말실수조차 허용되지 않는 분위기지요.

즉, 오늘날에는 학부모의 요구가 지나치게 '비대화'되었다고 볼 수 있습니다. 더구나 비대화된 요구가 같은 방향이면 그나마 괜찮겠지만, 각기 다른 방향의 요구들이 쏟아지고 있다는 점에서 현장의 교사들은 고충을 겪습니다.

예를 들어 초등학교에서 숙제를 내는 경우 하나를 들더라도 다음과 같은 상황이 벌어집니다. '저희 아이는 좀처럼 혼자서는 공부하지 않으니 숙제를 지속적으로 내 주세요'라고 요구하는 학부모가 있겠지요. 한편으로는 '우리 애는 학원에 가야 해서 바쁘니까, 학교숙제는 안 내주셨으면 좋겠어요'라고 요구하는 학부모도 있습니다. 학교교육이란 본디 집단교육의 장입니다. 이 학생에게는 숙제를 내고, 저 학생에게는 숙제를 내지 않을 수는 없지요. 그래서 숙제를 주면 '숙제를 내지 않았으면 좋겠다'는 학부모에게, 숙제를 주지 않으면 '숙제를 꾸준히 내달라'는 학부모에게 비난을 받게 됩니다.

결국 학부모의 요구와 지향점이 다양해진 까닭에 교사는 어떤 선택을 해도 모두에게 좋은 평가를 받기 어려워졌습니다. 어떻게 해도 학부모들 중 누군가에게서는 불만이 터져 나오게 되지요. 앞서 몇 번이나 언급한 것처럼 아무리 노력해도 좋은 평가를 받지 못하니, 학부모를 상대하던 교사가 탈진해 버리는 것도 무리는 아닙니다.

그렇다면 이 같은 폐색상태를 어떻게 타개하면 좋을지 고민해 보도록 하겠습니다.

우선, 저는 교사와 학부모의 역할 분담이 불가결하다고 생각합니다. 부모가 해야 하는 예절교육은 가정에서 확실하게 하고, 교사는 집단행동 속에서 아이들이 최소한도의 규범을 준수할 수 있도록 서로 의견일치를 보는 것이지요. 학부모회 등 여러 기회를 이용해 상호이해를 넓혀갈 수 있다면, 이런 방법이 가능해질지도 모르겠습니다.

다음으로 학교현장을 지역이나 보호자에게 개방하는 것 역시 중요하다고 봅니다.

예를 들자면 같은 지역에 사는 어르신을 학교에 초청하여 옛날이야기를 듣게 할 수도 있겠지요. 혹은 수업 중에 옛 생활의 지혜나 공예, 수공예 기술 등을 전수해 주는 방법도 있을 듯합니다. 지역사회의 힘을 잘 활용할 수 있다면 교육의 폭도 한층 넓어질 수 있을 겁니다.

이처럼 학교를 안팎으로 개방함으로써 학부모가 학교를 신뢰할 수 있도록 만들어야 합니다. 학부모와 지역주민들에게 불필요한 비판을 받지 않으려고 정보를 공개하지 않으면 오히려 학교에 대한 불안과 의심이 확산되는 악순환이 발생해 버리기 때문이지요. 학교 개방은 학부모와 지역주민들이 쉴 틈 없이 바쁜 교사의 실상을 조금씩이나마 이해하게 되는 계기가 될 수도 있다고 생각합니다.

여하튼 '열린 학교 만들기'와 가정 혹은 지역사회와의 연대가 앞으로의 학교교육이 지향해야 할 중요한 과제라는 사실은 분명한 것 같습니다.

PART 3

현대사회의 병리와 인간심리

고도정보화사회의 병리—진보강박증후군

현대사회의 시간은 광속으로 흐른다

지금까지는 학교현장의 실상을 보고하고 그 문제점과 대응책에 대해서 서술했습니다.

현재, 공교육은 여러 가지 어려운 문제들을 안고 있습니다. 언론이 떠들썩하게 보도했던 소년범죄나 교사의 외설 행위 같은 불상사는 말할 필요도 없고, 어린 학생들이 겪는 마음의 문제나 '마음의 병'으로 휴직하는 교사가 증가하고 있는 현실은 오늘날의 교육 활동이 폐색 상태에 빠져있다는 사실을 여실히 보여주고 있지요.

그래서 제3부에서는 학교 정신건강의 관점에서 사회병리와 인간심리를 향해 시선을 돌려볼까 합니다.

교사와 학생들의 마음건강을 고찰하기 위해 학교현장에 대한 문제를 제기하는 것만으로는 근본적인 해결책을 찾기 어렵습니다. 그 배경요인으로 무시할 수 없는 현대사회의 병리를 고찰해야 할 필요가 있기 때문이지요. 그 연후에, 사회를 구성하는 개개인의 심성을 해명하는 작업을 통해 앞으로의 방향성을 모색해 나가야 할 것입니다. 학교의 교육활동에서 나타나는 문제의 본질이 어디에 있는가를 규명하기 위해서는, 사회병리라는 외적 요인을 먼저 파악한 후, 개개의 인간이 내포한 내적 요인을 찾는 과정이 유효할 것이라고 생각입니다.

그렇다면, 우선 현대사회가 안고 있는 사회적 병리현상에 대해 논해보도록 할까요.

현재 많은 교사들이 제가 근무하는 병원에 진료를 받으러 옵니다. 진료실에서 우리 의사들은 이러한 환자들과 마주하면서 마음의 고민을 줄여주는 것뿐만 아니라, 교사로서 다시 정상적인 직무를 수행할 수 있도록 중·장기적인 계획을 세워 치료할 필요가 있습니다.

그러나 교사 본인의 장래를 고려하며 치료를 담당하는 의사의 입장에서 보자면, 현대사회는 정보기술의 발달로 인해 시간의 흐름이 너무 빠른 것 같습니다. 우리들이 몰두해야 할 정신건강이나 교육은 본래 장기적인 시간을 필요로 하지요. 특히, 교육 자체는 '국가백년지대계'라고 불릴 만큼 상당한 시간에 걸쳐 이루어집니다. 단기적 관점이나 단순한 숫자 맞추기에 급급할 일이 아니라 시간이 좀 걸려도 당면한 문제에 정면으로 대응할 필요가 있습니다.

하지만 현실의 사회에서는 당연하다는 듯 '빠르고 편리한 것이 좋다'는 풍조가 만연하고 있습니다. 이처럼 시간이 빠르게 흐르는 고도정보화사회에서, 마음의 문제를 쉽게 내팽개치고 있지는 않은지 경각심을 가져야만 합니다.

바로 그런 점에서 저는 고도의 기술정보화에 따른 '진보강박증후군'이라고 하는 사회적 병리현상을 주목하게 되었습니다.

진보강박증후군이란?

왜 현대의 사람들은 빠르고 편리한 것에 매달릴까요. 이러한 인간의 심리에 대해 골몰하다보면 사회와 관련성을 가진 인간의 심리적 특성으로 '강박'이라는 단어와 마주하게 됩니다. 빠른 시간의 흐름 속에서 진보를 따라가지 않을 수는 없습니다. 뒤처지지 않으려는 초조함에 사로잡혀 미처 소화도 시키지 못한 채 따라가게 되어버리는 것이지요. 저는 오늘날 이와 같은 현상이 사회 전반에 만연해있다는 생각이 듭니다. '자신이 처한 입장을 정확히 파악하여, 어떻게 나아가면 좋을지를 깊이 고민할' 여유도 없이, 불안한 마음에 안절부절못하고 시류에 뒤처지지 않으려고 안간힘을 쓰는 사람들의 심리상태, 그것이 어쩌면 이미 일그러졌다고밖에 말할 수 없는 진보강박증후군을 성립시킨 것이 아닐까요. 물론 진보라든가 향상을 추구하는 인간의 본성 전체를 부정하겠다는 생각은 아닙니다. 다만 문제는 그 방향에 있다는 것이지요. 보편성을 지닌 '좋은 인간성 · 좋은 사회규범'에 근거한 진보라면 아무런 문제도 없습니다.

그런데 저 자신도 경제지상주의에 대한 비판의식은 오래전부터 가지고 있었습니다.

고도경제성장의 시대부터 버블경제시대를 거치면서, 모든 것들은 경제주도로 추진되었고 거대한 대량소비사회가 구축되었습니다. 물건이 고장 나면 수리하기보다 그냥 한 번 쓰고 버려버리는 데 익숙해졌지요. 혹은 음식이 남으면 보관법을 궁리하기는커녕 아무렇지 않게 버리게 되었습니다. 이 역시 경제발전이나 진보가 가져다 준 선물이라고 할 수도 있지만, 제 생각으로는 외향의 진보만을 추구하는 천박한 풍조에 지나지 않는 것 같습니다.

실제로 무엇이 진보냐고 묻는다면, 명확하게 대답할 수는 없습니다. 하지만 앞서 말했듯 좋은 인간성의 바탕하에 보편화할 수 있는 발전이 진보가 아닐까요. 적어도 마음의 문제나 교육에 있어서는 진보라는 개념을 적용시키기 어렵다는 특성이 있습니다. 그럼에도, 마음의 문제나 교육에서조차 진보를 정형화하려 하고 있지요. 이처럼 '진보는 모든 것에 대한 선(善)이다'라고 하는 풍조에 대해, 교육과 의료의 접점에서 일을 하고 있는 사람으로서 의문을 가지지 않을 수 없습니다.

즉, 현대사회는 맹목적 혹은 단편적으로 '유사진보'를 추구하고 있습니다. 게다가 강박관념에 사로잡힌 것처럼, 빠르고 편리한 것만을 쫓고 있지요.

이 강박관념에 대해 약간의 설명을 덧붙이자면 강박이란 어느 정도는 의식하면서 알고 있어도 계속해서 신경 쓰지 않을 수 없는 심리상태를 말합니다. 화재를 걱정하여 몇 번이나 불씨를 확인하러 다니거나, 혹시 문을 잠그지 않았나 하는 불안 속에 수차례 반복해서 확인하는 행동을 확인강박이라고 하지요. 이러한 심리가 진보라는 개념에서도 나타나고 있습니다. 즉 맹목적이고 단편적인 '유사진보'를 어느 정도는 의심하면서도 추구할 수밖에 없는 것이지요. 빠른 시간의 흐름 속에 뒤처지는 것 자체에 대해 불안감을 느끼고, 이를 회피하고자 '유사진보'를 그대로 수용합니다. 이러한 증상은 신경증적 병리라고 할 수 있습니다.

그리고 진보강박증후군을 뒤에서 부추기고 있는 것이 경제지상주의 또는 상업주의이며, 앞에서 이끌고 있는 것은 고도기술정보화에 잠식당한 사회 그 자체입니다.

만일 제가 IT에 관련된 일을 전문으로 하고 있다면 이러한 문제의식을 갖기는 어렵겠지요. 그러나 저의 실제 업무는 장기적인 관점이 반드시 필요한 의학과 교육에 관련된 것입니다.

확실히 의학에도 최첨단 기술과 치료법이 일취월장으로 진보하고 있습니다. 하지만 진료실에서의 일상적인 진료는 과거와 크게 달라지지 않았지요. 환자가 복통을 호소할 때 사용하는 통상적인 약은 예전과 그다지 다르지 않습니다. 교육에 있어서도 진보·발전을 계속하고 있기는 하지만 본질적인 변화가 있었다고 볼 수는 없지요. 개선(改善)을 위한 교육시책 그 자체가 때로는 개악(改惡)으로밖에 보이지 않는 경우도 있습니다.

즉 제가 하고 있는 일은 시간을 필요로 하는 것인 만큼, 강박적으로 유사진보를 추구해 가는 사회와 대립되기 쉽습니다.

그렇다면 우리는 이러한 진보강박증후군에서 벗어날 수 있을까요? 솔직히 말하자면, 필자 자신도 이 증후군에 일정 정도 빠져있고, 그것을 자각한 후로는 어떻게든 벗어나려고 발버둥치고 있습니다. 이 같은 상황에 매몰되기 쉬운 현실 속에서 어떻게든 벗어나야겠다는 사실을 통감하고 있기 때문이지요.

덧붙여서 이에 대한 전형적인 예시로 들 수 있는 것이 배리어 프리(barrier free)[01] 차원에서 설치된 전철역 휠체어 전용승강기입니다. 저

---

01 배리어 프리(barrier free) : 고령자 및 장애인의 이동이나 생활에 불편함이 없도록 물리적인 턱과 제도적 장벽을 제거하자는 운동.

는 늘 여기에 의문을 갖고 있었습니다. 이것은 수천만원의 경비를 사용하여 보란듯이 역 계단의 좁은 공간에 설치되어 있는 기계이지요. 설치 그 자체에 문제가 있다고 생각하지는 않습니다. 그런데 그 승강기는 역무원의 도움을 필요로 할 뿐만 아니라, 이를 이용할 때면 일반 승객은 좁고 혼잡한 계단을 전쟁터마냥 마구 부대끼며 지나갈 수밖에 없어 불편하다는 점이 문제입니다. 이때 일반 승객의 반응은 어떨까요? 승강기를 이용하는 지체장애인의 심정은 또 어떨까요? 이러한 것을 일러 진정한 배리어 프리라고 말할 수 있을까요? 게다가 '배리어 프리라는 진보'를 대의명분으로 한 승강기 제작 업체의 영리에 대해서는 생각해보신 적이 있나요? 앞서 말했듯이 이것이 상업주의와 관계가 없다고는 생각하지 않습니다.

저는 이에 대해 어쩐지 석연치 않은 기분이 듭니다. '배리어 프리에는 반대하지 않지만, 이런 출퇴근 시간에 민폐를…'이라는 투덜거림이 치밀어 오르는 것 또한 평범한 사람의 솔직한 심정이 아닐까요. 그러나 이것을 입 밖으로 소리 내어 말할 수 없는 분위기 또한 사실이지요. 오히려 이런 기계보다 역무원의 부탁으로 승객 네다섯 명이 휠체어를 들어주어, 장애인을 자신들의 힘으로 도와주는 편이 훨씬 '마음의 배리어 프리'로서 의의가 있지 않을까요. 정말 중요한 것은 아무리 생각해 보아도 이쪽이라는 생각이 듭니다. 현실적으로도 가능하다고 생각하고요. 세상이 아직 그렇게 메마르지 않았다고 믿고 싶습니다. 이조차 불가능하다면 정말 세상이 끝났다고밖에 생각할 수 없기에, 저는 타인이 어려울 때 도와주는 사람들이 아직 존재한다고 생각하고 싶습니다. 그리고 이러한 모습을 접촉체험으로 받아들이는 아이들의 마음에 자랄 사회규범의 학습효과는 이루 헤아릴 수 없겠지요. 반대로 자동 승강기를 사용할 때엔 버튼을 누르고 부웅 소리를 내며 움직이는 모습이 마치 하나의 게임처럼 보이지는 않을까요. 이러한 차이를 고민하는 것이야말로 진정한 의미의 '복지' 학습 체험이 아닐까 합니다.

이 같은 진보강박증후군은 어디에서든 볼 수 있는 만큼, 바로 현대 일본의 사회병리라고 할 수 있습니다. 편리함이나 쾌적함만을 추구하는 것은 어쩌면 인간이 본래 가지고 있는 힘조차 약화시킬 수 있다는 사실에 대해 절감합니다.

IT도입보다 기초학력의 습득이 우선

현실의 학교현장에서도 진보강박증후군은 어디에서나 나타나고 있습니다.

그중 하나로서, 평등교육실천을 들 수 있습니다. 진보강박이란 진보라는 것에 뒤처지지 않을까 걱정하는 심리지요. 다른 지자체에서 시작한 '앞서가는 학교'를 우리도 하루 빨리 도입하자, 다른 학교에서 하고 있다는 '앞선 방법'을 우리 학교도 받아들이자고 하는 태도 등이 바로 진보강박증후군이라고 일컫는 현상이지요.

그 대표적인 것이 IT의 무비판적인 도입입니다.

예를 들어, 초등학교의 어느 학급에서 담임교사가 학급통신문을 손으로 써서 작성하고 있다고 해 봅시다. 통신문에는 일러스트를 직접 그려 넣기도 합니다. 그런데 옆 반의 교사는 사진을 컴퓨터로 인쇄한다고 합니다. 그러자 이 교사가 아직까지도 손으로 직접 글씨를 쓰고 그림을 그리는 방식은 시대에 뒤떨어졌다는 인식을 갖게 되어버리는 것이지요. 한편으로는 컴퓨터를 무분별하게 사용하는 것에 비판적인 태도를 보이던 교사는 시대에 뒤떨어진 사람이라는 비난을 들으며 입장이 난처해졌다는 이야기를 실제로 들은 적도 있습니다.

또 다른 초등학교에서는 체험학습 시간에 교사가 학생들의 모습을 디지털 카메라로 촬영한다고 합니다. 찍은 사진은 컴퓨터에 저장해서 아이들이 여행 중일 때도 학부모들이 각 가정에서 자녀의 모습을 볼 수 있도록 하고 있습니다. 교사는 학생들이 등산을 하거나 캠프파이어를 하는 모습을 촬영하고, 학부모는 컴퓨터에 접속하면 사진을 열람할 수 있지요.

학부모의 입장에서는 여행 중인 자녀의 모습을 볼 수 있다는 게 즐거울지도 모릅니다. 하지만 교사의 입장에서 보자면 컴퓨터가 능숙한 교사들은 그래도 괜찮겠지만, 그렇지 못한 교사에게는 가뜩이나 신경 쓸 일이 많은 여행인데 또 하나의 일이 증가하는 셈이지요. 애초에 체험학습의 목표는 교사와 학생들이 일상생활과는 다른 환경에서 좀 더 친숙해지고, 비일상적인 체험을 공유하는 것에 중점을 둡니다. 밤에는 캠프파이어를 하며 서로 이야기를 나누는 것을 통해 교사와 학생 간 마음의 교류도 깊어지는 것이지요.

그런데 학생과 접촉하는 시간을 줄여가며, 혹은 아이들을 재우고 난 이후까지 교사는 열심히 컴퓨터에 사진을 저장하는 작업을 하는 것입니다. 이것을 IT의 무비판, 무의미적인 도입이라고 하지 않으면 뭐라고 불러야 할까요. 학부모를 기쁘게 하려는 분명한 목적이라도 있다면 그나마 다행이지만 말입니다.

이처럼 학교현장에서도 뒤처지지 않으려고 유사진보를 쫓아가는 현상이 나타나고 있습니다. 정말 좋은 교육을 따라하는 것이라면 그런대로 의미가 있겠지만 때로는 단순히 새로운 기술이나 정보에 무작정 달려드는 경우가 많지요. 다수자에 포함되고 싶고, 시대에 뒤떨어지고 싶지 않다는 의식이 학교 측에도 나타나고 있는 것입니다.

이것은 일반적인 젊은이들이 유행이라고 하면 좋든 싫든 무비판적으로 무조건 수용하려고 하는 자세와 판박이입니다. 예를 들면 옷과 음악, 게임에 있어서도 유행을 따르지 않으면 뒤떨어졌다는 이야기를 듣지요. 그리고 어떤 시기가 지나 또 다른 유행이 나타날 때 합류하지 못하면 촌스럽다는 놀림을 받습니다.

중요한 것은 다수자, 즉 메이저리티(majority)에 속해 있으면 안심이라는 의식입니다. 자기 내부에 확실한 신념이 없고, 사물의 선악을 판단하는 능력이 없기 때문에 다수자 편에 속해 있는 쪽이 안전하다고 생각하는 것이지요. 이러한 태도를 선동하고 있는 것이 바로 상업주의이며, 유행을 빠른 속도로 보급시키는 고도정보화사회입니다. 이러한 풍조가 사회전반에 퍼져 있어, 현대의 학교현장도 이 풍조에서 자유롭지 못하다는 사실은 분명합니다.

제가 본 학교현장에서의 '진보'에 대한 강박관념은 교사들에게 더욱 혼란을 가중시킬 우려가 있습니다.

초등학교에서의 영어교육 도입도 그중 하나의 예가 될 수 있지요. 물론 영어공부 자체가 불필요하다는 의견은 아닙니다. 그러나 현재의 초등학생은 모국어조차도 올바르게 사용하지 못하는데, 그것을 소홀히 하면서 영어를 습득하게 할 필요성이 있는가 하는 점은 의문이 듭니다.

요즘의 초등학생들은 수학처럼 논리적 사고를 필요로 하는 이과 계열의 학력이 떨어지고 있다고 하는데요. 이것은 애초에 교과서의 설명이나 시험의 질문을 이해하지 못하는, 다시 말해 기본적인 국어능력이 떨어져 지문이 무엇을 설명하고 있는지, 질문의 요지가 무엇인지 이해하지 못하는 데서 오는 현상이라는 지적이 나오고 있습니다.

그렇다면 영어보다도 국어의 기초학력을 확실하게 습득하게 하는 것이 우선 아닐까요? 국어능력이란 언어의 의미를 이해하고, 문장을 읽고, 그것을 표현하는 능력을 키우는 것이라고 봅니다. 당장 국어능력도 안되는데 영어를 유창하게 말할 수 있게 된다한들 그것은 겉만 번지르르한, 희박한 커뮤니케이션의 기술 습득에 불과하다고 생각합니다.

수업에 IT를 도입한 것도 이와 비슷한 문제를 내포하고 있습니다.

근래에는 초등학교에서 컴퓨터를 사용하여 수업을 진행하는 풍경은 별로 놀랄 일이 아니지요. 그러나 이것을 흔히 말하는 체험학습의 하나로 활용하는 것이라면 의미는 있을지도 모르겠지만, 무엇이든지 가리지 않고 컴퓨터를 이용하려는 태도는 학교교육의 주객전도라고 봅니다.

예를 들어 세계지도를 컴퓨터 화면에 띄운 후 어떤 나라나 지역의 지점을 클릭하여, 그 나라의 사람들과 생활 모습을 보여준다고 할까요. 이런 것은 그림이나 사진을 보여주는 정도로 충분하고, 오히려 상상력을 퇴화시킬 뿐입니다. 컴퓨터를 사용하면 클릭했을 때 순간적으로 화면이 나타나고, 텔레비전처럼 수동적으로 영상이 정보로써 제공됩니다. 그러나 상상력을 기른다는 관점에서 본다면, 문장을 읽고 그로부터 스스로 영상을 떠올리는 쪽이 중요하지요. 상상력을 보충하기 위한 것이라면 그림이나 사진 정도로 충분합니다.

초등학교 수업에서 컴퓨터를 사용하여 대량의 영상을 홍수처럼 쏟아내는 것이 아이들 교육에 도움이 된다고는 생각지 않습니다. 오히려 상상력 없는, 사고력 없는, 현실과 허구를 구분하지 못하게 하고, 스스로 생각하려고 하지 않는 뇌를 만들어 주는 것은 아닐까요. 단순히 '아이들이 흥미를 보이니까'라는 이유만이라면 이것은 오히려 가르치는 쪽의 태만이라고밖에 볼 수 없습니다. 더욱 새로운 지도안을 모색해야 합니다.

여하튼 IT를 무비판적으로 도입하기보다도 읽고, 쓰고, 계산하는 기본적인 능력을 철저히 습득시키는 쪽이 우선 해결되어야 합니다. 이와 동시에 자연이나 생명과 접촉하여 몸으로 익히는 학습체험을 제공해 나가는 방법이 훨씬 유익하다고 생각됩니다. 졸업할 때까지 아이들을 가르칠 수 있는 시간은 한정되어 있으니까요.

학교교육이 진보강박증후군에서 벗어나려면

그러면 왜 학교현장에서는 이와 같이 IT와 영어를 수업에 도입하려고 하는 걸까요? 'IT를 활용할 수 있는 능력을 키우기 위해'라든가, '국제 감각을 익히기 위해'라는 이유는 어디까지나 부차적인 이유에 불과합니다. IT와 영어의 도입에 관한 논의는 오히려 고도정보화사회의 도래로 인해 여러 가지 교육환경이나 지도방법에 관한 정보를 쉽게 얻을 수 있는 까닭에 학부모의 요구가 다양화, 비대화되고 있는 것과 관계가 있습니다.

그중에서도 특히 공교육은 납세자이며 불특정다수인 학부모의 요구에 응해야 하는 책무를 지니고 있지요. 이 부분이 사립학교와는 근본적으로 다른 점입니다. 사립학교는 교풍(校風)이나 교육방침을 미리 명확하게 세우고, 그것에 동의, 납득한 학부모의 자녀들이 입학하기 때문에 일정한 방향으로 나아가기 쉬운 면도 있습니다. 그러나 현재의 공립학교는 학부모들의 다양한 요구와 주장을 교육활동에 반영해야 하는 숙명을 짊어지고 있지요.

여기에서 생각해 보아야만 하는 점은 공립학교는 집단교육이라는 점입니다.

공립학교는 집단으로 일제(一齊)수업을 진행해야 함에도 불구하고 학부모 전체의 지향점은 일치하지 않는다는 데 문제가 있습니다. 최첨단의 교육을 도입하자고 주장하는 학부모도 있는 반면, 정반대의 요구를 하는 학부모도 있지요. 그래서 언제나 최첨단의 '유사진보' 교육을 요구하는 학부모의 요청에만 응할 수는 없습니다. 현실적인 결과로, 많은 것을 학교에 요구하는 학부모는 결국 학교에 기대를 걸지 않게 됩니다. 그 이유는 학부모의 모든 다양한 요구를 학교가 완벽히 충족시키는 것은 물리적으로 불가능하며, 교육열이 높은 학부모의 관심은 언젠가는 학원이나 다른 교육 기관으로 향해 버리기 때문이지요.

단, 첨단교육을 요구하는 학부모의 요청에 응하는 것 자체는 진보강박이 아닙니다. 왜냐하면 진보강박증후군이란 어디까지나 자신 스스로는 '이게 아닌데'라는 생각을 하면서도 유사진보를 쫓지 않으면 불안해서 견딜 수 없게 되어 유사진보를 추종하는 인간심리의 현상을 의미하는 것이기 때문이지요. 따라서 공교육이 납세자인 학부모의 요구에 응해야 한다고 판단하고 그에 따르려는 태도 자체가 문제가 되지는 않습니다.

오히려 여기에서 진보강박증후군의 직접적인 요인이 되는 것은 문부과학성이나 교육위원회의 방침입니다. 교육행정 측의 시책에 농락당하는 구조라고 말할 수 있지요.

예를 들어 교육행정 측이 '살아가는 힘을 키우는 교육'이라고 주창하면, 학교현장은 그쪽을 향해 우르르 몰려갑니다. 이번에는 '종합적인 학습이 중요하다'고 하면, 또 반대로 쏠릴 수밖에 없지요. 문부과학성의 방침에 농락당하지 않고 제대로 중심을 잡은 채, 홍수 같은 시류에 휩쓸리지 않는 기개 있는 교사라도 행정적 시책을 혼자 힘으로는 감당할 수 없다는 현실이 진보강박증후군의 원인이 되고 있음은 부정할 수 없습니다. 여기에 교육행정과 학교현장의 입장 차이가 있다는 사실은 분명하지요. 이 부분에 대해서는 양쪽 입장의 방법론 및 접근방식이 다르다는 숙명이 존재합니다. 다시 말해서 행정 측은 일반이념에서 개별화로 전개하는 연역적인 사고를 행할 필요가 있습니다. 반면, 현장 측은 개별성에서 일반론으로 정리되는 귀납적 사고를 해야 하지요. 따라서 양측이 끊임없이 피드백을 해 나가지 않는다면 서로의 입장 차이는 극복할 수 없을 것입니다.

여기서 또 한 가지 예를 들어 보지요. 앞서 서술했던 IT의 경우는 전국의 공립학교가 앞다투어 도입하고 있는 상황입니다. 교육행정 측에서 외친 '글로벌 인재를 육성하자'라는 구호하에 막대한 IT관련 예산이 책정되었지요. 학교현장에서 컴퓨터가 도입될 수 있었던 것은 그만큼의 예산이 배정되었기 때문입니다.

그러나 저 정도의 예산이 있었다면 좀 더 시급한 부분에 활용할 수도 있지 않았을까요? 예를 들면 학부모와 학생들의 다양한 요구에 응하기 위한 그룹별 소수지도, 그것을 위해서는 교사인력자원의 보강이 가장 중요하다고 할 수 있겠지요. 그렇지만 교사를 증원하기보다는 컴퓨터를 도입한 셈입니다.

컴퓨터의 가격은 결코 저렴하지 않습니다. 게다가 이것을 제대로 활용할 수 있는 교사가 그리 많은 것도 아닙니다. 또한 컴퓨터란 단시간 내에 지속적으로 업그레이드가 되고 있어 이전의 소프트웨어는 사용할 수 없게 되기도 하지요. 그러면 또 구형이 된 컴퓨터를 전부 교체해야 할지를 검토하는 일이 반복됩니다. 그러나 이것이 교육행정의 방침이므로, 각 지자체의 교육위원회는 IT라는 명칭만 붙으면 속속 도입할 수밖에 없는 것이 현실이지요. 여기서도 역시 고도정보화사회를 기반으로 한 진보강박증후군이라는 현대사회의 병리가 학교교육에 영향을 미치고 있다는 사실을 지적하지 않을 수 없습니다.

물론 저는 무턱대고 진보가 필요 없다, IT는 나쁘다, 영어는 소용없다고 주장하는 것은 아닙니다.

그런 것을 원하는 학생, 재능이 있는 학생, 그런 것을 지향하는 학부모가 개별적으로 공부하는 것은 상관없습니다. 학교현장에서 진보강박증후군이 문제가 되는 이유는 학교라는 장소가 집단교육의 장이기 때문입니다. 스포츠에 재능이 있는 학생이 있는가 하면, 컴퓨터 프로

그래밍 언어를 배우고 싶어 하는 학생도 있고, 한편으로는 영어 능력을 키우고 싶은 학생도 있을 겁니다. 학생들은 저마다 제각각 특출한 재능과 부족한 부분이 있기 마련이지요.

그런데 앞서 여러 번 지적했듯이 이런 아이들을 서른 명 혹은 마흔 명을 모아서 교육하는 것이 학교교육의 구조적인 특징입니다. 그중에는 그룹별 소수지도나 수준별 지도를 행하고 있는 학교도 있지요. 그렇지만 현재 대부분의 학교에서는 어떤 반에서는 수준 높은 컴퓨터 수업, 어떤 반에서는 수준 높은 영어 수업을 진행하기란 불가능합니다. 일제(一齊)수업을 실시하는 곳이 학교교육이기는 하지만, 거기에 너 나 할 것 없이 컴퓨터 교육과 영어 교육을 도입하게 될 경우, 필연적으로 여러 가지 문제가 발생하게 될 것입니다. 진정한 교육을 생각하는 교사들의 진지한 고민이 깊어지는 것도 무리는 아닌 듯합니다.

이와 같이 고도정보화사회에서 진보강박증후군이라는 사회병리는 학교현장에 많은 영향을 끼치고 있습니다. 학교교육이 진보강박에서 벗어나기 위해서는 교육행정 측과 교사가 유행이나 새로운 것만을 쫓는 것이 아니라 교육의 근본을 항상 마음에 새기며, 현실감을 잃지 않은 교육을 실천해 가는 것 이외에는 방법이 없다고 봅니다.

희생양 심리의 메커니즘

희생양 심리는 인간의 본성

앞 절에서는 학교현장에서 교사나 학생의 정신건강이 위기에 처하게 된 외적요인으로 진보강박증후군이라는 사회병리가 있다는 사실에 대해 서술했습니다. 본 절에서는 내적요인으로서 사회를 구성하는 개개인의 심리적 특성에 대해서 생각해 보고자 합니다.

인간이란 자기실현을 목표로 스스로의 가치를 추구하는 존재지요. 바꾸어 말하면 자기긍정감을 추구하는 것은 인간의 본성입니다. 이는 인간이라는 생물이 지닌 본능으로 에로스적 생존욕구라고 말할 수 있지요.

애초에 자기실현을 이루기 위해서는 '나는 타인과 다르다'고 하는 자기인식을 빼놓을 수 없습니다. 다시 말해서 자신과 타자의 '차이화(差異化)'가 필요한 셈입니다. 아이들의 심성 발달에 있어서도 그러한 차이화의 작업을 통해 자기정체성이 확립되어 갑니다. 아이들은 부모를 모방하면서 성장하는데, 이때 모방에만 그치게 되면 '차이화'는 성립되지 않지요. 특히 사춘기가 되면 자신은 부모와는 다르다, 타인과는 다르다는 차이화가 인식하면서 자아가 발달해갑니다.

그리고 어른이 되어가면서 인간에게는 그러한 자기인식에 가치를 부여하고자 하는 마음이 자동적으로 작용하기 시작하지요. 타자와 구별되는 자신만의 여러 가지 차이는 이윽고 우열의 가치관이라고 하는 필터를 통과했을 때, 단순한 인식상의 문제가 아니라 '차별'의 계기가 됩니다.

차별이란 우열의 가치판단에 따른 인간관계상의 대처행동이라고 말할 수 있겠습니다. 그 결과, 집단조직에서 강자 대 약자, 혹은 다수자 대 소수자라는 대립구조가 필연적으로 발생하게 되지요. 왜냐하면 자신이 강자 또는 다수자 쪽에 속해 있다고 생각하는 쪽이 자신에게 가치를 부여하는 가장 간편한 수단이기 때문입니다. 그 구조가 차별이라는 대처행동을 더 많이 만들어내고 강화하게 되지요.

따라서 인간이 집단을 구성하는 사회적 존재인 한, 그저 단순히 '차별을 없애자'라든가 '평등한 사회를 만들자'라는 주장은 불가능하다고밖에 할 수 없습니다. 결국 차별이나 배제라는 개념은 자기실현을 요구하는 인간의 심리적 특성에서 파생된, 혹은 약자창조라는 메커니즘에 근거한 피할 수 없는 현상이라고 해도 과언이 아닐 듯합니다.

이 같은 약자를 문자 그대로의 '산 제물'로 만들어 낸 인간 심리의 메커니즘을 '희생양 심리'라고 부릅니다. 저는 바로 이 희생양 심리가 현대사회의 모습이고, 더 나아가서는 학교의 정신건강을 고찰하는 데 있어서의 키워드라는 생각이 듭니다.

희생양 심리는 집단조직 속에서 살아가는 인간들에게는 피할 수 없는 심리작용으로, 인간의 역사에 결정적으로 부정적인 영향을 끼쳤다는 사실은 융 학파의 정신분석학자 에리히 노이만도 지적한 바 있습니다. 그는 가치와 공존할 수 없는 그림자는 부정적 부분으로 인식되어 스스로에게 수용되지 않음으로써 여러 종류의 심적 갈등으로부터 도망치기 위한 무의식적인 힘을 바탕으로, 투영이라는 심리적 작용을 통해 외부로 발현되는 것이 희생양 심리라고 말하고 있습니다. 그의 저서 『심층심리학과 새로운 윤리(Depth Psychology and a New Ethic)』라는 책은 2차 대전이 끝난 직후인 1948년에 간행되었는데, 이 책은 오늘날 읽어봐도 전혀 시대에 뒤떨어졌다는 느낌이 들지 않지요. 50년 이상 우리들은 무엇을 해왔던 것일까요, 인간의 심리적 특성의 측면은 아무것도 변한 것이 없음을 절감하는 하나의 예가 아닐까 합니다.

약자를 옹호하는 겉모습과 약자를 배제하는 본심

그런데 인간의 희생양 심리는 사회상황과 밀접하게 관련하여 나타납니다.

예를 들면 고도정보화사회에서, 진보강박증후군이라는 사회병리는 희생양 심리를 바탕으로 다양한 사회 상황 속에서 아주 간단하게 차별 구조를 만들어내버리지요. 반대로 말하자면 진보하기 위해서는 이러한 약자 창조의 메커니즘이 필요했다고 생각됩니다. 이것이 결국 오늘날 차별의 온상이 되어버린 셈이지요.

즉, 고도경제성장시대에 경제지상주의 사회가 형성되는 과정에서 '유사진보'라는 조작적 산물을 받아들이지 못한 개인이나 사태를 표적으로 삼는 배타적 인식으로부터 약자가 대량생산되어온 것입니다.

전후 일본의 고도경제성장기에 여러 가지 차별 문제가 표면화되기 시작한 사례는 이를 뒷받침하고 있는 것이라고 할 수 있습니다. 예를 들면 장애인 차별 등의 문제는 이 시기에 들어 더욱 심각해졌습니다. 그중에서도 정신성 장애를 가진 사람들의 문제에 국한해서 언급하자면, 1950년대 중반 이후에 정신병원이 급격하게 증가했다는 사실이 있습니다. 그리고 이와는 반대급부로 전업농가의 수는 줄고, 정신병원이 설립된 지역은 공업화가 진행된 도심부의 주변이었다는 점도 주의를 기울여야 할 부분입니다.

다시 말해 근대공업화가 효율주의로 인해 비인간화를 촉진했고, 유사진보를 받아들이지 못하는 개인을 '규격 외'라는 꼬리표를 붙여 배제해왔다고 할 수 있지요. 즉 낙인을 필요로 한 것입니다. 그리고 오늘날에 이르는 차별을 생산해내는 구조의 온상은 강고한 토대를 확립해 버렸다고 말할 수 있습니다.

이러한 시대 상황의 흐름에서 사회적 약자의 구제개념으로서의 '복지'가 생겨나기 시작했습니다. 물론, 복지라는 개념 자체는 인권옹호라는 측면에서 중요하다는 것은 두말할 필요도 없지요.

그러나 여기에는 큰 문제가 있습니다. 복지라는 말 속에는 인간 심리의 보편적 메커니즘인 희생양 심리가 작동하고 있다는 것이지요. 우리가 복지를 부르짖는 만큼 겉으로는 약자 옹호를 표방하지만, 반대로 거기에는 표면에 나타나지 않는 본심, 즉 약자를 배제하려는 의도가 표출되기 시작했다는 의미이기도 합니다. '약자를 돕는 게 좋은 일일지는 모르겠지만, 우리도 사는 게 그리 녹록하지는 않단 말이지. 왜 우리가…'라는 상황이지요. 유감스럽지만, '복지가 인간을 죽인다'는 말도 반드시 틀렸다고는 할 수 없습니다. 역사적인 인간소외의 역설적인 결과에서 파생된 현대사회의 심각한 문제라고도 할 수 있습니다.

그렇다면 이러한 인간 본래의 심리적 특성이 외부로 표출되지 못한다면 어떤 문제가 일어날까요. 자기 자신으로 향하는 공격성의 표현인 자살이 바로 그것의 예시가 될 수 있지요. 결국 인간이 살아가기 위해서는 희생양 심리를 밖으로 표현하는 것이 필요하다는 점을 부정할 수 없습니다. 이러한 희생양 심리를 보고도 못 본 척하며, '차별은 안 돼'라는 정론만을 소리 높여 외쳐봤자 문제는 더욱 심각해질 뿐입니다. 약자의 인권 옹호를 중시하는 현대사회에서 오히려 피할 수 없는 약자 창조의 구조가 더욱 두드러지게 될 수도 있으니까요. 즉 속마음으로는 약자 배제의 의식을 가지고 있는 사람이 겉으로 약자를 옹호할 때, 오히려 사회적 약자의 입장에 있는 사람들에게 쾌적하지 않은 환경이 만들어지는 경우를 적잖이 볼 수 있지요. 게다가 이처럼 비뚤어진 약자 옹호에 대해 '그건 이상해'라며 이의조차 제기할 수 없는 구조가 만들어져 왔던 것이 사실입니다. 이래서는 사태가 점점 더 복잡해지고, 악순환이 생길 뿐입니다.

그렇다면 차별 문제는 어떻게 대응하는 것이 좋을까요. 저는 오히려 한 사람 한 사람이 희생양 심리를 부인하지 않는 자세를 취하면 되리라고 봅니다.

인간은 본래 '더러운 부분'을 가지고 있습니다. 솔직히 말하면 인간은 누구나 자신이 타인보다 열등하다는 것을 인정하기 싫어합니다. 남을 밀어내고서라도 자신은 그 위에 서고 싶기 마련이지요. 오죽하면 '사촌이 땅을 사면 배가 아프다'라는 말이 있겠습니까. 인간은 원래부터 이렇게 깨끗하지 못한 부분, 좋지 않은 심성을 가지고 있다는 사실을 직시할 필요가 있습니다.

하지만 모두가 깨끗하지 못한 심성을 가지고 있다고 해서 노골적으로 타인을 깎아내리고 자신이 위에 서면 그만이라는 생각을 해서는 물론 안 될 일이지요.

예를 들면 집단생활을 할 때, 적은 음식으로 배고픔을 견뎌야 한다면 모든 구성원이 음식을 동등하게 나눠야 할 것입니다. 속으로는 전부 자신이 먹고 싶겠지만 그런 속마음을 억눌러야 하겠지요. 그렇지 않으면 집단생활은 성립할 수 없고, 결국에는 자신도 생존할 수 없게 될 테니까요. 이러한 억압은 인간의 이성이며 상호협력 또는 배려라고 할 수 있습니다. 인간에게는 착한 심성도, 악한 심성도 있다는 이중성을 인식하여 둘 다 받아들여야 합니다. 좋은 심성만을 전면에 내세우면 모든 것이 겉치레만 있는 위선이 되어버리지요. 그러므로 거짓된 친절이나 평등의식이 사회 저변으로 확산된다면 억압된 희생양 심리가 어딘가에서 반드시 고개를 내밀 것입니다. 위선적인 행동만을 비대화시키면 어느 날 갑자기 진짜 속마음을 드러낼 때가 오겠지요. 요컨대 표층은 겉치레로 포장되어 있을지라도 심층부에서는 보다 뿌리 깊은 차별의식이 구축되어 있을 수 있다는 점을 인식해야 합니다.

이러한 사회적 현상이 아이들에게까지 번지면, 심각한 상황이 나타나리라고 예상할 수 있습니다.

요즘 뉴스를 보면, 초등학생이나 중학생에 의한 집단따돌림이나 살상사건이 빈번히 일어나고 있지요. 이러한 행동들은 그간 억눌러왔던 아이들의 속마음이 마치 스프링이 튀어 오르듯 갑자기 표출된 결과라고도 할 수 있습니다.

즉, 마음속에서 선악의 감정이 균형 있게 자리 잡지 못한 경우를 예로 들어볼까요. 사람을 죽여서는 안 된다는 관념이 단순한 지식으로만 존재한다면 그 반동으로 실제 살인을 저지르고 마는 경우가 생길 수 있습니다. 어른이 희생양 심리를 억압하며 '싸우지 마라', '모두 사이좋게 지내렴', '차별은 나빠'라며 표층적인 겉치레만 강요할 경우, 어느 날 갑자기 반대급부로 속마음이 분출될 수 있다는 것이지요.

죽이는 것이 안 된다면 때리는 정도는 괜찮지 않겠냐는 속마음을 억압하지 않고 실제로 친구와 한번 싸워보는 경우는 어떨까요. 그러면 친구를 때린 나 자신의 마음속에 어떠한 아픔이 느껴지는지, 혹은 내가 친구에게 얻어맞았을 때는 얼마나 아픈지를 체험하겠지요. 맞기만 해도 이렇게 아픈데, 실제로 사람을 죽이는 일은 절대 해서는 안 된다는 사실을 몸으로 배울 수 있을 것입니다. 이처럼 '한도를 알고 조절할 줄 아는' 균형 감각이 중요합니다. 이러한 경험 없이 지식으로만 '사람을 죽이면 안 돼'라고 배울 경우, 자신보다 약자를 만나게 될 때 '한번 죽여 볼까'라는 생각이 실제 행동으로 표출될 수 있는 위험성이 따르기 때문이지요.

그러므로 아이들의 본보기가 되는 어른이 우선 인간 본래의 심리적 특성인 희생양 심리를 부정하지 않고, 선과 악의 양면성, 겉마음과 속마음을 모두 받아들이는 자세가 중요하겠습니다.

고도정보화사회의 매스미디어에 의한 심리조작

현대사회는 희생양 심리의 대상이 도미노처럼 계속 나타나는 시대라고 말할 수 있습니다.

사람들이 희생양이라는 단어에서 연상하는 이미지는 이른바 약자, 규격에서 벗어나 차별받는 개인 혹은 그런 상황이 대부분이겠지요.

그렇지만 여기에서 주의해야 할 점은 희생양 심리의 대상이 '약하고 열등한' 개인이나 상황만이 아니라는 것입니다. 다수자에 속하지 못하고 소수자라는 성질을 갖췄다면 이것만으로도 금세 희생양 심리의 대상이 될 수 있지요. 즉 '강하고 우수한' 개인 및 상황에 대해서도 열등감과 질투심으로부터 사소한 차이를 찾아내려고 합니다. 그리고 상대의 전체상을 가치 없는 것이라고 강조함으로써 배제의 대상으로 만들어 가는 것이지요.

즉, 희생양 심리가 작동하는 조건은 '수의 논리'에서 비롯된 소수자 개념의 차이화입니다.

물론 자기 스스로가 다수자 측에 속하길 원하는 갈등회피의 심리적 메커니즘 자체를 부정할 수는 없습니다. 사람이라면 누구나 보다 안전한 장소에 존재하고 싶다는 의식을 가지고 있지요. 하지만 안이하고 태만한 다수자에 의한 대중성이 현대사회에 그늘을 드리우고 있다는 점은 틀림없습니다.

그 전형으로는 매스미디어에 의한 저명한 정치가나 유명인 때리기를 들 수 있습니다. 매스미디어의 여론형성의 파장은 결코 만만한 것이 아니지요. 신문이든 주간지든 어느 하나의 방향으로 독자를 선동하려고 마음먹는다면 굳이 사실을 날조하지 않고도 과장해서 보도하는 것만으로, 그것의 전체상을 뒤바꿀 수 있습니다. 이처럼 매스미디어의 심리조작으로 매우 간단히 여론을 조장할 수 있다는 점은 현대 고도정보화사회의 특징이라고 할 수 있지요.

여기에서 중요한 점은 미디어 리터러시[02], 즉 받는 사람이 정보를 그대로 받아들이지 않고 객관적으로 해독하는 능력입니다. 하지만 IT의 발달로 방대한 정보가 쏟아지는 지금, 모든 사람이 냉정하게 기사를 읽기란 불가능합니다. 비판력과 판단력이 없는 사람들이 수동적으로 정보를 읽으면 제시된 정보 그대로 믿어버리게 되겠지요. 그 결과 여론이 형성되고, 이렇게 희생양의 대상이 만들어집니다.

그래서 인간에게는 자신은 희생양 심리의 대상이 되고 싶지 않다는 자기방어본능이 작용하게 되지요. 그러기 위해서 다수자 속에 포함되어 항상 다수자의 움직임을 민감하게 파악하고, 어느 방향으로 대세가 흘러가는지에 맞추어 행동을 취합니다. 지도자나 창시자의 위치에 있는 사람들은 추종을 받기도 하지만 어느 순간 비판의 대상이 되기도 하지요. 그러느니 차라리 다수에 속해 살아남는 편이 낫다는 생각을 하게 됩니다. 이러한 다수의 대중성은 전후(戰後) 민주주의의 시대적 산물입니다.

그러니 이런 희생양 심리의 대상이 되는 것은 한때 성직자라 불리던 교사도 다를 바 없습니다.

'마음의 병'으로 휴직하는 교사가 증가하는 현상에 대해서도, 매스

---

02 미디어 리터러시(media literacy): 미디어 문해력. 미디어를 사용, 구사할 수 있는 능력. 정보기술을 이해하고 정보미디어를 구사하여 정보를 활용하거나 생각을 표현하거나 하는 능력을 의미한다.

미디어는 요란하게 보도하기 십상입니다. '마음의 병'이라는 문제는 물론, 교사가 저지르는 범죄에 대해서는 특히 선정적으로 보도하는 풍조가 만연하고 있지요. 이로 인해 '요즘 교사는'이라는 안이한 일반화가 생기고, '신뢰할 수 없는 요즘 교사들'이라는 전체상이 만들어지게 됩니다. 이것은 곧 편견과 차별의 계기가 되는 것이지요.

덧붙여 말하면, 교사비판의 경우는 매스미디어나 지역주민 등 학교조직의 외부에서만 일어나는 것은 아닙니다. 예를 들면 우수한 교사가 다른 학교로 이동했을 때, 부적응을 일으키는 경우가 있지요. 전에 근무하던 학교에서는 학생들을 가까이하는 교육을 실천하고, 학부모에게도 신뢰를 받았으며, 교직이 적성에도 맞았던 교사라고 해볼까요. 이런 교사가 학력향상만을 요구하는 학부모가 대다수를 차지하고, 동료 교사들도 교과지도에만 집중하는 학교로 전근을 가게 되었다면 금세 역량이 부족한 교사라는 낙인이 찍힐 수도 있을 것입니다. 이와 같이 어떤 학교에서는 충분히 잘 적응할 수 있었던 교사가 다른 학교로 전근을 가자마자 사소한 차이로 트집잡히고 낙인찍히게 되는 학교가 존재하는 것도 사실이지요. 또한 그 결과 '마음의 병'에 걸리기도 한다는 사실에 대해서는 제2부까지 자세히 서술한 바 있습니다. 여기서 교사집단에서의 '동료 따돌림' 또한 예외는 아닙니다.

이와 같이 차이가 차별이 되어버리는 상황은, 인간이 집단 사회에 속해서 살아가는 한 피할 수 없는 현상입니다. 결국 인간은 마음의 그림자로 내포하고 있는 악을 스스로 짊어질 수밖에 없는 운명이지요. 인간이 원래부터 가지고 있는 이 희생양 심리라는 심리적 특성을 외면하기보다는, 그곳을 출발점으로 삼아 해결책을 모색해가는 수밖에 다른 방법이 없다고 생각합니다.

희생양 심리를 가르치자

학교라는 공간은 사회의 축소판이며, 좋든 싫든 사회의 영향을 받는 곳입니다. 따라서 학교현장에서도 이러한 희생양 심리가 곳곳에 나타나고 있지요.

여기에서 중요한 점은, 앞서 서술했듯이 희생양 심리가 그저 나쁘다고 부정할 수만은 없다는 생각을 교사들이 인식하는 것입니다. 희생양 심리가 자아실현을 바라는 인간의 심리적 특성인 만큼, 아이들에게 그러한 심리를 부정하도록 지도하는 행위는 여러 가지 위험성을 안고 있는 까닭이지요.

학교의 교육활동 측면에 있어서 희생양 심리에 '뚜껑'을 닫고 부정해버리면 오히려 차별이 조장될 우려가 있습니다. 다른 사람보다도 가치 있는 사람이 되고 싶다는 생각은 본능적인 심리지요. 다른 사람보다 강해지고 싶다, 남보다 행복해지고 싶다, 이러한 바람은 인간의 기본적인 생존욕구라고 말할 수 있습니다. 그것을 억누르고, 이른바 예쁘고 좋은 것만을 아이들에게 가르치면 더 음습한 따돌림으로 발현될 위험성이 있지요. 그러한 점을 잘 유념한다면, 학교라는 집단교육은 아이들에게 건전한 심성의 발달을 촉진시키는 중요한 훈련의 장이 될 수 있을 것입니다.

앞에서 서술한 바와 같이 개인의 인격은 자아정체성을 확립해가는 성장기에 자신이 타인과 다르다는 것을 인식하면서 발달합니다. 즉 인격의 발달을 위해서는 자신과는 다른 면을 가진 타인과의 차이를 인정하지 않으면 안 되는 것이지요. 학생들은 모든 인간이 장점과 단점을 다 가지고 있다는 것을 깨닫기 위해 다양한 사람들과 접할 기회를 갖는 쪽이 좋습니다. 이러한 관점에서 볼 때 각자 다른 가정환경에서 자란 아이들이 모여 있는 공립학교는 아이들의 인격형성을 촉진시키는 데 알맞은 교육기관이라고 할 수 있습니다.

그런데 최근에는, 공교육에서도 자연스러운 '차이'를 육성하는 게 어려워졌습니다. 예를 들면 초등학교에서는 운동회의 달리기 경주에서 1등상을 주지 않는다든가, 학예발표회에서는 전원이 주역이라고 하는 경우를 들 수 있지요. 이것은 분명 이상한 일이라고밖에 할 수 없습니다. 학교 측에서 스스로 판단하여 실행하는 경우도 있을지 모르겠지만, 대부분은 내 아이가 남보다 뒤떨어진다는 사실을 인정하고 싶지 않은 학부모의 요구에 따른 경우이지요. 학부모가 학교 측에 '줄세우기는 좋지 않다'는 억지에 가까운 주장을 호소하고 그런 학부모의 의견에 동조하는 학교가 분명히 존재합니다.

이렇게 되면 아이들의 '차이화'를 도모할 수 없습니다. 운동회의 달리기 경주에서, 발이 느리다는 것은 달리기 분야에 한해서 뒤떨어진다는 것을 의미하지요. 다시 말해 빨리 달리기를 학습 과제로 하는 달리기 경주에서는 능력이 우수하지 못하다는 이야기입니다. 여기에 열등하다 혹은 우수하다는 가치판단이 개입된다 해도 그것이 사실이니 어쩔 수 없지요. 오히려 저는 이러한 체험이 중요한 학습의 기회라고 봅니다. 게다가 그 아이는 발은 좀 느릴지 몰라도 그림을 잘 그릴 수도 있고, 혹은 공부를 잘할지도 모르지요. 어느 한 분야에서는 조금 뒤떨어지지만 다른 분야에서 뛰어날 수 있다는 개인 간의 차이를 인정하고, 이러한 인간의 개별성을 인지해가는 과정이 중요합니다.

이처럼 학교교육의 현장에서는 여러 가지 개별성이나 다양성이 존재한다는 점을 아이들에게 가르쳐야 합니다. 필자는 우열을 가려 차이가 발생하는 것을 두려워하지 않고, '차이화'를 과도한 차별로 발전시키지 않도록 지도해 가는 것이 중요하다고 말하고 싶습니다. 여기에 바로 희생양 심리를 배우게 하는 의의가 있지 않을까 생각합니다.

'마음의 시대'에 보이지 않는 이면

정신과 진료에 대한 편견과 거부

'21세기는 마음의 시대'라고 일컬어집니다. 세계적으로는 세계보건기구(WHO)가 정신의료의 관점에서 정신질환에 대한 편견이나 차별을 없애기 위해 '마음의 시대'를 제창하고 있지요. 일본의 상황에서 말한다면, 고도경제성장시대부터 실적 확대에 매진했지만 결국 버블 붕괴에 이은 장기불황사태까지 겪으면서 사람들이 마음의 건강에 부쩍 관심을 갖게 된 듯합니다.

그러나 실제로 현대사회가 '마음의 시대'를 맞아, 마음의 건강에 제대로 신경을 쓰고 있는지는 의문입니다.

최근 후생노동성[03]을 비롯한 각 행정기관이나 민간기업도 '마음을 건강하게', '약자에게 친절하게', '복지를 충실하게'라는 슬로건을 내걸고 있지요. 그 중에서도 '우울증은 마음의 감기'라는 표현은 한 제약회사의 광고문구로 최근 텔레비전이나 신문에서 자주 등장하고 있습니다. 그러나 앞에서 서술한 바와 같이, 이런 슬로건들을 대대적으

---

03 한국의 보건복지부, 식품의약품안전처, 노동부에 해당하는 업무를 맡고 있는 일본의 정부 기관.

로 전개할 만큼 그럴싸해 보이는 겉모습 뒤에는 '마음의 병'에 걸린 약자에 대한 편견이라는 본심이 숨어있는 것도 사실이지요.

이처럼 속 빈 강정인 '마음의 시대'라는 모순은 학교현장에서도 쉽게 찾아볼 수 있습니다.

스트레스 때문에 '마음의 병'에 걸린 교사가 매년 증가하고 있음에도 불구하고, 지금까지 학교가 정신건강 문제에 제대로 관심을 갖고 주의를 기울이려는 움직임은 거의 없었습니다. 교사가 '마음의 병'에 걸렸다고 해도, 학부모나 지역주민에게 알려서는 안 되는 분위기여서 정신과 치료를 받기도 쉽지 않은 상황이었지요.

항간에서 종종 '정신과는 문턱이 높다'라고 말을 듣곤 합니다. 그래서인지 마음에 병이 생겨도 좀처럼 병원에 가려고 하지 않는 사람들은 많지요. 교사의 경우에도 너무 참다가 병이 상당히 악화되고 나서야 겨우 관리직과 함께 방문하여 진료를 받는 것이 현실입니다. 교사 자신도 마음의 건강 문제에 대해서는 편견을 가지고 있다는 점을 부인할 수 없지요.

필자 역시 진료 경험을 통해 이러한 모순을 실감하고 있습니다.

그 예로, 교장의 눈에 분명 우울증으로 보이는 교사가 있는데도 '정신과 진료를 받아보는 게 어때요?'라는 말조차 '쉽게 입 밖으로 꺼낼 수 없었다'고 합니다. 잘못 말했다가는 '지금 제가 정신적으로 문제가 있다는 말씀이신가요?'라는 반응이 돌아올 우려가 있기 때문입니다. '컨디션이 좋지 않은 것 같은데, 내과에 다녀오는 게 어때요?'라는 말에 화를 내는 사람은 없지요. 그러나 정신과라고 하면 곧바로 거부감을 드러내는 교사들이 있습니다.

실제로도 자신의 의지로 정신과 통원치료를 받고 있는 교사 자신이 '정신과 통원치료를 받고 있지만, 그런 사실을 좀처럼 다른 사람들에게는 말할 수가 없어요.'라고 푸념하는 경우가 적지 않습니다. 이 교사는 성실하고 직무에 열심이며, 교직에 적성도 맞는 사람이지요. 너무 열정을 쏟아 부은 나머지 정신적으로 탈진해버려서 통원치료를 받고 있고, 그 와중에도 자신이 맡은 직무를 충실히 수행하고 있는데도 말이지요. 다른 예를 들어볼까요. 고혈압 약을 먹으면서 일을 하는 교사는 얼마든지 있습니다. 이와 비슷한 경우인데도 '마음의 병'에 걸린 경우에는 편견 섞인 시선을 받게 된다는 것이 문제이지요.

이와 같이 정신과에 대한 편견과 거부감에 대해서는 앞서 서술했던 희생양 심리에서 충분히 설명했지만, 역시 현실은 그렇게 쉽게 바뀔 것 같지는 않습니다.

그렇다면, 아이들의 앓고 있는 '마음의 병'에 대해서는 사회의 이해를 얻을 수 있을까요?

이 또한 여러 가지 어려운 문제를 안고 있습니다.

예를 들어 등교거부문제만 보더라도 넓은 의미의 등교거부에는 정신병과 정신질환 같은 '마음의 병'에 의해 등교를 할 수 없게 되는 경우도 있습니다. 이때는 당연히 치료를 받을 필요가 있지요. 그러나 교사도 학부모도 '마음의 병'에 대한 인식이 부족하고, 정신과 통원이나 입원치료를 꺼리는 바람에 좀처럼 회복이 되지 않는 경우도 있습니다.

ADHD(주의력결핍 과잉행동장애)도 이러한 전형적인 예시 중 하나입니다.

여태까지는 집중하지 못하는 학생이 있을 경우, 흔히 교사의 지도력이 부족하기 때문이라고 말하곤 했습니다. 그러나 ADHD는 이러한 행동이 뇌의 장애로부터 발생한 문제이며, 이제는 약을 복용하면 회복할 수 있다는 사실이 널리 알려져 있지요. 그래서 담임교사나 양호교사가 '이 학생은 ADHD가 의심되니 정신과 진료를 받아보는 것이 어떨까요'라고 권하면, 학부모로부터 '교사 본인의 지도력이 부족하니까 우리 애를 환자 취급한다'며 비난받기 일쑤입니다. 필자 역시 이런 이야기를 수도 없이 듣곤 하지요.

이와는 반대로 ADHD라는 단어가 너무 광범위하게 적용되는 측면도 존재합니다.

현재 ADHD라는 병명이 교내외적으로 널리 알려져 있다 보니, 집중력이 부족한 학생의 경우에는 일단 ADHD를 의심하는 풍조가 생겨나기도 했지요.

실제로 지도력이 부족한 교사가 자신의 담임학급에 집중력이 떨어지는 학생이 생길 경우, 해당 학생을 ADHD라고 쉽게 단정지어버리는 것이 그 전형적인 예라고 할 수 있습니다. 그 밖에도 직무경험이 부족한 교내 상담교사가 학생의 상황을 주의 깊게 관찰하지 않고 ADHD라고 판단해버리는 경우도 종종 있지요. 진단기준항목을 보면 분명 '집중을 못한다', '가만히 있지 못한다'라는 내용이 기재되어 있긴 합니다. 이것을 마치 잡지에서 오늘의 운세를 보듯이 '응, 맞네, 맞아'라며 즉흥적으로 판단해 쉽게 병원에 데리고 오는 사례도 있지요.

어찌되었든 아이들의 '마음의 병'에 대해서도 세심한 배려가 필요하다는 사실은 분명합니다. 등교거부가 됐든 ADHD가 됐든, 어디까지 지켜볼 것인지, 교육적인 개입을 할 것인지, 혹시 필요하다면 병원으로 데려갈지와 같은 다양한 대응방법은 개별 사례별로 적절한 판단을 내려야 합니다. 이때 섣부른 판단은 금물입니다.

접촉체험이 쌓이면 차별은 시정될까

어른들은 아이들에게 심신에 병이 있거나 장애가 있는 사람들을 대할 때, 그들을 올바르게 이해할 수 있도록 지도할 필요가 있습니다. 체험학습 시간을 활용하여, 몸이나 마음에 장애가 있는 사람들과 자연스럽게 어울릴 수 있는 기회를 제공하는 것도 하나의 방법이겠지요.

저는 만남의 기회가 적은 탓에 편견이 생길 수도 있다는 지적은 옳다고 생각합니다. 접촉체험이 많아질수록 나무가 아닌 숲을 볼 수 있게 되지요. 그 전형적인 예가 조현병, 즉 지금까지 정신분열증이라고 불리던 '마음의 병'입니다. 정신분열증이라고 하면, 의대생이나 간호사 중에서도 범죄를 연상케 하는 무서운 병증이라는 편견을 가지고 있는 사람이 적지 않습니다. 그러나 백문이 불여일견이라고, 이들 중 정신병원에서 실습을 하며 일정 기간 동안 조현병 환자와 접촉해 보면 그러한 편견이 불합리하다는 사실을 깨닫게 됩니다. 의학교육의 현장에서도 이러한 접촉체험에 의해 심리적 거리를 좁히고, 편견을 고치는 실제 사례가 꽤 많지요.

이와 비슷하게 일반 학교에 장애를 가진 학생이 있는 경우, 같은 반 학생들이 자연스럽게 그들을 도와줄 수 있게 하는 것이 가장 이상적인 접촉 체험이라고 봅니다.

할 수 없는 사람을 도와주는 것은 당연하다는 마음을 가지고 장애가 있다는 차이를 명확히 인식하면서 상대에게 도움의 손길을 내미는 것은, 과장 없는 순수한 의미의 친절입니다. 이러한 마음가짐을 기르는 것 역시 학교 교육활동의 중요한 과제라고 할 수 있지요.

현대사회에서 약자를 만들어내는 희생양 심리가 차별을 조장하는 건 어른이든 아이든 앞서 말한 소박한 친절을 잃었기 때문입니다. 머릿속은 일정 정도 우월감에 빠져 있으면서도 위선적으로 약자를 옹호하는 척하지요. 사회적인 평가나 보상을 바라고 자선사업을 하기도 합니다. 봉사활동 역시 대개는 좋은 뜻으로 참가하는 사람들도 있겠지만, 이른바 계산적으로 봉사활동을 운영하는 단체도 없지는 않지요.

장애가 있는 사람을 대할 때, 그들이 도움을 필요로 하는 것을 못 본 척하고, 장애가 없는 사람과 똑같이 취급하는 것은 진정한 친절이 아닙니다. 그들에게 도움이 필요한 것은 사실이고 그것을 인정하는 교류를 하는 것이 진정한 배려라고 봅니다.

실제로 어른이 되면 하루하루의 삶에 쫓겨 약자를 도와줄 여유가 없는 것도 사실이지요. 그래서 본심을 속이면 체면치레의 약자 구제가 되기 쉽습니다. 이럴 경우, 더욱 복잡하고 정교한 약자 배제의 구조가 만들어집니다.

그렇다면 사회의 차별 구조를 시정하기 위해서는 어떻게 해야 할까요? 우선 공교육 속에서 학생들이 사회적 약자와 접촉하는 경험을 쌓도록 해야 합니다. 특수학급이나 특수학교의 학생들과 교류하는 시간을 만들어보는 시도도 좋겠지요.

단, 여기서 어려운 문제가 하나 있습니다. 교사의 입장에서 보면 장애가 있는 학생이 일반학급에 통학한다는 것은 사실 굉장히 힘든 일입니다. 일반학급의 집단교육 속에서 교사가 장애학생을 돌보는 데 쫓기게 되면, 다른 학생들이 소란을 피울 테고, 학급 분위기는 엉망이 되는 사태가 벌어질 수도 있겠지요. 이로 인해 학부모로부터 항의가 속출할지도 모릅니다. 교사도 마음속으로는 일정 정도 이상의 장애가 있는 학생들이라면 특수학급 혹은 맹학교나 농학교 같은 특수학교에 가기를 바랄 것입니다.

그러나 학부모의 입장에서는 자신의 아이가 뒤떨어지는 것도 싫고 특별취급을 받는 것도 싫다는 생각을 하는 경우가 많지요. 이 또한 일리 있는 말입니다. 그래서 가급적 일반학급으로 통학시키고 싶어 하고, 자신의 아이가 다른 학생들과 똑같이 취급받기를 바라지요. 이러한 권리를 주장하는 학부모의 목소리가 크면 클수록 학교나 교사 측도 쉽게 거부할 수는 없습니다. 같은 반 학생이 장애학생을 자연스럽게 도와주는 것이 이상적이지만 현실은 그렇지 못한 경우도 많지요. 실제로 지체장애 혹은 지적장애가 있는 학생이 일반학급에서 따돌림을 당해, 큰 상처를 받는 경우도 있습니다. 이런 경우는 특수학교에 다녔더라면 적절한 교육과 세심한 배려를 받았을 수도 있었을 텐데 오히려 일반학급으로 통학하면서 증상이 악화된 사례입니다.

따라서 장애학생과의 교류를 정신건강교육으로 인식할 경우, 면밀한 지도계획과 인력자원을 준비한 후에 담임교사와 관리직, 양호교사가 연계하고 학부모의 이해를 얻어가며 신중하게 대응해 나가야 할 것입니다.

'결근중독증'이라는 함정

'마음의 시대'라고들 하지만, 아직도 '마음의 병'에 대한 편견이나 차별은 엄연히 존재하고 있습니다. 이러한 정신건강관리의 어려운 실상과 배경에 대해서 서술했습니다만, 여기에서 한 번 더 짚고 넘어가야 할 어려운 문제가 있습니다.

그 문제란, 역설적으로 '마음의 병'에 대한 안이한 휴머니즘에서 파생되는 문제입니다.

그저 아무 생각 없이 '마음의 병에 걸린 사람을 지켜주자'라는 주장은 역차별로 이어집니다. '마음의 병'에 걸린 교사에게 "저런, 마음의 감기에 걸린 셈이군요. 푹 쉬세요."라고 하는 것은 오히려 배타적인 악순환을 불러일으키지요. 장기적으로 보면, 병의 회복을 저해하고 재발을 야기하는 요인이 될 수도 있습니다.

즉, '마음의 시대'의 문제는 '마음의 병에 대해 이해하자'라고 주장하면서도 현실사회에서는 '마음의 병'에 대한 편견이 아직도 만연해 있을 뿐만 아니라, 반대로 마음에 상처를 입은 사람이 약자의 권리만을 주장하는 점에 있습니다. 희생양 심리의 관점에서 보면 그 대상이 되는 개인 스스로가 인권옹호라는 사회적 구제조치를 역으로 이용하는, 나쁜 의미에서의 '커밍아웃'인 것이지요. 권리의 일방적 행사라고 할 수 있습니다.

그 전형적인 예시가 휴직과 복직을 반복하는 교사의 '결근중독증'으로 불리는 병리입니다.

제1부와 제2부에서 서술한 것처럼 단순히 스트레스를 피하고자 결근하는 태도는 매우 위험한 측면이 있습니다. 일단 한번 쉬어버리면

점점 더 출근하기 어려워지고, 병가를 반복하기도 쉬워지기 때문입니다.

'마음의 병'을 이유로 휴직하는 교사가 증가하는 현상에는 교사의 병가를 행정제도가 보장하고 있다는 배경도 존재합니다. 휴가의 기간이나 급여는 각 지자체에 따라 조금씩 다르지만 통상 병가는 180일, 병가 휴직은 3년으로 정해져 있지요. 병가는 급여가 전액 지급되고, 휴직은 3년 중 2년간은 80%를 지급하며, 마지막 1년 동안은 무급입니다. 그러나 교직원공제조합에 서류를 제출하면 질병수당으로 급여와 거의 비슷한 금액이 지급되는 제도가 있습니다.

최근 일반기업에서는 병가를 사용해 결근하는 일조차 당당하게 요구하기 어렵습니다. 급여도 바로 삭감되고, 휴직을 신청하면 퇴직의 위험 역시 현저히 높아지는 것이 현실이지요. 이러한 점과 비교해보면 교사를 비롯한 공무원은 제도적인 면에서는 그 지위를 확실히 보장받고 있습니다. 이처럼 쉽게 쉴 수 있는 환경이 마련되어 있기 때문에 학교를 쉬는 교사가 증가하고 있는 것 또한 사실입니다.

여기에서 문제가 되는 건 결근중독증에 빠진 교사의 경우입니다.

결근중독증이란 출근곤란증후군을 반복하며 발생합니다. 쇼핑중독, 도박중독과 마찬가지로 프로세스중독이라고 불리는 병리입니다.

쇼핑중독의 경우는 안 된다는 것을 알면서도 자신도 모르게 필요 없는 것들을 사버리거나, 사지 않고는 견딜 수 없는 상태입니다. 결근중독증도 이와 마찬가지로 결근에 중독되어 빠져나올 수 없게 되어버린 상태입니다. 하루를 쉬면 다음날도 가기 싫어지고, 그 다음날은 더더욱 출근하기 싫어지지요. 이런 식으로 결근중독에 빠져버린 교사는 일단 복직을 해도 비슷한 스트레스 상황에 맞닥뜨리면 이전에는 이겨낼 수 있었던 것들도 더 이상 견디지 못하게 됩니다. 말하자면 '쉬는 버릇'이 생겼기 때문에 또다시 자신의 쉴 권리를 행사해서 휴직과 복직을 반복하는 악순환이 일어나는 것이지요.

결근중독증의 문제는 공교육 전체에 심각한 영향을 끼치고 있습니다.

열심히 일하다 탈진증후군에 걸린 교사 역시 치료경과에 따라 결근중독증에 빠질 위험이 있기 때문이지요. 결근중독증에 빠지게 되면 교사 본인도 자신감을 잃고, 주변의 동료 교사도 '저 선생님은 영 안 되겠어'라는 시선으로 바라보게 됩니다. 학부모들도 '그 선생님은 큰 아이의 담임이었을 때도 별로였으니까, 둘째의 담임은 안됐으면 좋겠어'라고 말하게 되겠지요. 요즘 학부모들 사이에서 정보는 순식간에 확산되니, 이럴 경우 해당 교사에 대한 악평은 널리 퍼질 수밖에 없을 겁니다.

그로 인해 어떤 일이 벌어질지 생각해 볼까요. 사람들은 학교 전체를 불신하게 되고, 더 나아가서는 공교육 전체에 대해 저평가를 하게 되겠지요. 다시 말해 '그러니까 요즘 교사들은 안돼'라는 일반화나 단락적 보편화가 이루어질 것입니다. 그리고 성실하게 근무하는 우수한 교사들까지도 폄하하는 여론이 형성되겠지요. 물론 이러한 주위의 편견이 부당하다고는 생각하지만, 지금까지 서술해왔듯이 그 구조를 바꾸는 것은 쉽지 않습니다.

의사에게도 책임이 있다

그리고 여기에서 주목해야 하는 사실은 이러한 결근을 보증해 주는 관리직과 의료관계자의 문제입니다. '어쨌든 문제가 있는 교사는 쉬게 한다'는 생각으로 무작정 병원에 데리고 오는 관리직이 있습니다. 그리고 관리직과 교사 본인의 요구대로 쉽게 진단서를 발행해 주는 의사가 있는 것 또한 사실이지요.

이러한 부분에 대해서 실제로 교육행정 측도 우려를 표하고 있습니다. 정말로 '마음의 병'에 걸려서 쉬는 것은 어쩔 수가 없습니다. 정말 그런 교사라면 쉬어야만 하지요. 다만 그것을 너무 쉽게 반복하는 것이 문제입니다. 각지의 교육위원회가 특히 곤란해 하는 경우가 바로 어려운 직무에서 도망치고, 신학기가 시작될 때마다 쉬려고 하는 교사입니다. 이러한 문제 사례가 증가하는 것에 대해 우려의 목소리가 나오자 교육위원회도 예방책을 강구하고 있지요.

실제로 정신건강에 관한 지식을 가진 교육행정 측이나 관리직이라면 쉽게 진단서를 발행해 주는 의사에게도 문제가 있다는 점은 이미 간파하고 있습니다.

곤란한 점은 그런 의사들일수록 '휴머니스트'라는 점입니다. '내 나름대로 최선을 다했지만, 나쁜 평가를 받아 너무 괴롭다'라며 눈물로 호소하는 교사가 '안돼보여서' 동정심이나 사명감으로 진단서를 써주는 경우이지요. 그중에는 오로지 금전적 이유로 서류발행 수수료를 받기 위해 진단서를 남발하는 의사도 있을지 모르겠습니다.

물론 환자 본인의 호소에 귀를 기울이지 않고 '쉽게 쉬는 것은 안 됩니다'라고 일방적으로 주의를 주는 것도 옳은 방법은 아닙니다. 중요한 것은 장기적인 관점에서 환자인 교사를 관찰하는 것이지요. '나중을 생각하지 않고 쉬어버리면 나중에 더 힘들어져요'라고 말해주지 않는 것은 배려가 아니라 오히려 무책임하다는 증거가 아닐까요? 그저 친절하기만 한 의사는 교사의 오 년 후 또는 십 년 후를 생각하지 않습니다. 더욱이 공교육 자체의 장래에 대해 관심이 있을 리 없지요. 먼 미래까지 생각하는 의학교육은 여전히 부족하고, 근로자의 정신건강에 대해 배우려는 분위기가 확립되는 데는 아직도 시간이 필요할 것 같습니다. 중국의 춘추시대 서책인 '국어(國語)'에 다음과 같은 문장이 있습니다. '하의(下醫)는 병을 고친다, 중의(中醫)는 사람을 고친다, 상의(上醫)는 나라를 고친다'라는 격언은 지금까지도 경종을 울리고 있는 듯합니다. 이는 의료종사자의 과제이며, 우리 의사들이 반성해야 하는 부분입니다.

지금까지 논의한 것처럼 '마음의 시대'는 여러 가지 문제점을 내포하고 있습니다. 단순히 차별을 시정하고, 약자 보호를 주장하는 것만으로는 부족합니다. 언어의 이면에 있는 숨겨진 부분도 간과하지 않고, 현실을 전체적으로 직시하는 것이 가장 중요하지 않을까 생각합니다.

'자율성'을 발휘할 수 있는 사회로

'자율 없는 자립'의 함정에 빠진 현대사회

고도정보화사회의 경제지상주의는 현대사회에 진보강박증후군이라고 하는 새로운 사회병리현상을 초래하였습니다.

소위 IT로 명명되는 선진기술에 의해 정보의 홍수시대가 되고, 표면적인 시간의 흐름은 날이 갈수록 가속이 붙고 있지요. 이 때문에 시간의 흐름에 뒤처지는 것을 극도로 두려워하는 사람들은 인간의 내면에 깔린 희생양 심리를 바탕으로 복잡한 차별구조를 생산해내고 있습니다. 이러한 사회상황은 공교육 현장에도 여러 가지 악영향을 끼치고 있지요.

들여다보면 볼수록 문제의 심각성은 두드러집니다. 하지만 상황이 절망적이라고 해서 수수방관만 할 수는 없을 것입니다.

그러면 이러한 상황을 극복하기 위해서 우리는 어떻게 해야 될까요? 누차 반복해서 언급한 바와 같이 희생양 심리는 피할 수 없는 인간의 심리적 특성임을 직시하고, 그것을 받아들이도록 해야 합니다. 결코 부인해서는 안 될 것입니다. 부인해봤자 악순환이 반복될 뿐이니까요.

그래서 우리들이 취해야 할 태도는 '자율'의 회복을 추구하는 것입니다.

자율이란 칸트가 확립한 개념으로, 자신의 마음 내부의 규범을 따라 사고하고 판단하고 행동하는 것을 의미합니다. 상업주의가 팽배한 오늘날, 그에 매몰되지 않고 자기 스스로 생각하고 판단하고 행동할 줄 아는 사고가 중요합니다. 폐색상태에 있는 현대사회이기 때문에 더더욱 이러한 자율만이 상황극복의 실마리가 될 수 있을 것입니다.

원래 자율은 자유의 근간이 되므로, '자율적 자유'라고 불립니다. 스스로를 일정한 내적규범으로 규제할 수 있을 때, 비로소 진정한 자유가 있다는 의미이지요.

자율은 자립과는 다른 개념입니다. 자율은 어디까지나 자기반성적인 개인 내부의 영역인데 반해 자립은 사회 즉 외부로 향하는 인간관계적인 영역, 다시 말해서 행동이라는 차원의 개념이죠. 간단히 말하면 사회규범이 희박한 현대사회에서는 자율을 잃어버린 자립이 시대착오적이고 유명무실해진 자유의 의미를 잘못 이해하는 풍조 속에서 여러 가지 문제를 초래하고 있습니다. '자율 없는 자립'이 사회병리가 되고 있는 셈입니다.

이러한 자율 없는 자립이야말로 공동화된 사회참가라고 말할 수 있지 않을까요. 어쩌면 '자립'을 강요하는 목소리가 결과적으로 아이들을 은둔형 외톨이로 만들고 있는 것은 아닐까요? 혹은 유사진보를 추구해야만 직성이 풀리는 어른들의 진보강박증후군을 감염시키는 것은 아닐까요? 반성의 영역은 망각한 채로 '즐거우면 됐지', '나만 좋으면 돼', '다들 그렇게 하니까 괜찮아'라고 하는 의식이 사회 전체의 건전성을 해치고 있습니다.

내면적·반성적 사고를 기르지 않으면 자립은 유명무실해지고 그 의미를 상실하게 됩니다. 따라서 우리들이 보다 나은 사회를 창조해 나가기 위해서는 표면적인 자립이나 자유에 얽매이기보다는 자기 내부의 자율성을 기르는 것이 우선입니다. 그런 후에 외부의 사회적인 집단규범을 재구축하는 것이 무엇보다 중요합니다.

이를 정확히 이해하기 위해서는 정신적 장애를 가진 사람들에 대한 '내적 편견과 외적 편견'의 관점을 참고할 필요가 있습니다. 외적 편견이란 자기 내면에 존재하지 않는 타자에 대한 배타적인 견해로 희생양 심리의 표현이지만, 내적 편견은 장애인 자신 혹은 그 가족, 장애인 측에 서 있는 의료종사자의 마음속에서 일어나는 자기부정적인 견해를 말하지요. 내적 편견을 극복하는 것이야말로 중요합니다. 이 극복을 가능하게 하는 것이 바로 자율성이지요.

자율에 관해서 좀 더 설명하자면, 일본의 문화는 '수치를 아는 문화'라는 말로 대변되는데, 현대사회는 '수치를 모르는 문화'가 만연해 있지요. 사람들은 집단규범을 소홀히 여기고 스스로를 제어할 생각이 없습니다. 버블경제시대 이후 어른들 스스로가 욕망을 향해 질주하면서 분별없이 물건을 손에 넣고 한 번 사용한 후에는 가차 없이 내버리는 풍조가 넘쳐나고 있지요. '빨간불도 같이 건너면 무섭지 않아.' 이러한 말들이 일상생활 여기저기에서 현실이 되고 있습니다.

하지만 '무엇이든 손에 넣을 수 있는' 풍조 속에서 자신을 부끄럽게 여기는 의식을 잃어버린다면, 이 세상은 끝이 아닌가 하는 생각조차 듭니다. '수치스러움을 안다'는 말은 이제는 사어가 될 운명일까요?

본디 '수치스러움을 안다'라는 것은 고등능력이라고 말할 수 있습니다. 어째서 인간이 부끄러움을 느끼는가를 생각해보면, 자존심이나 자신에 대한 긍지를 갖고 있다가 좌절하기 때문이지요. 즉 자존심이나 긍지도 없고, 창피를 당해도 모른다는 것은 동물보다 못한 수준이라고 할 수 있습니다. 수치심은 스스로 반성할 줄 아는 감정과 의지의 투영이고, 자율에 대한 증거라고도 할 수 있습니다. 우리들 어른에게는 그와 같은 고등기능을 지닌 '인간'으로서 아이들을 양육할 책임이 있습니다.

자율성이나 수치심 없는 자유나 자립, 그리고 개성이 무슨 의미가 있겠습니까? 지금이야말로 모든 사람들이 자율적인 삶의 방식을 모색해야 할 때입니다.

자율성을 기르는 교육을

'자율 없는 자립'이라는 사회병리가 만연한 현대사회를 반영하듯이, 학교현장에서는 이와 관련된 여러 가지 문제들이 발생하고 있습니다.

그러면 다음 세대의 아이들을 키우는 학교교육은 어떻게 대처해야 할까요?

흔히들 교육을 '백년지대계'라고 말하지요. 눈이 핑핑 돌 만큼 빠르게 흘러가는 시간의 흐름 속에서, 진정한 인간성을 발현시킬 수 있는 미래사회를 만들기 위해서 우리는 차분히 시간을 들여 깊이 숙고한 후에 아이들의 마음 교육을 장기적인 관점에서 계획해야 할 것입니다.

그러기 위해서는 학교 안팎으로 학부모, 지역주민, 교사 스스로가 각각 자율 없는 자립에서 벗어나려는 활동을 계속해야 합니다. 다시 말해서 사회를 구성하는 한 사람 한 사람의 어른이 사회규범을 구축해야 하고, 그것을 준수해야 하며, 우선은 자기 스스로 안이한 자립이나 자유를 배제하고 자율성을 추구하는 노력을 해나가야겠지요.

예를 들면 가정에서도 이 같은 노력을 할 수 있을 겁니다.

아이들에게 '공부 좀 해라'라고 강요하면서 부모 자신은 놀기만 한다면 아이들이 그 말을 들을 리 없겠지요. 물건을 사는 데 있어서도 마찬가지입니다. 부모가 진보강박증후군에 빠져서 유행하는 것, 편리한 것, 새로운 것만 좇아가면 아이들도 똑같이 따라하게 될 겁니다.

전형적인 사례로는 IT의 자각 없는 구매를 들 수 있습니다. 최근에는 TV를 보든 신문을 읽든 IT상품의 광고가 넘쳐나고 있지요. 휴대전화나 컴퓨터로 영상을 송수신하는 기술은 엄청나게 발달했고, 그러한 상품을 떠들썩하게 광고하고 있습니다. 이러한 광고를 보고, 이거 참 편리하겠다 싶어 지방에서 홀로 사시는 조부모에게 손자의 영상을 보내고자 하는 부모가 있을 수도 있겠지요. 저는 손자의 얼굴을 보고 미소를 띠는 어르신들을 비난할 생각은 없습니다. 하지만 그것은 단순히 체온이 없는 가상의 영상이고, 진짜 손자는 거기에 없지요. 이러한 사실을 충분히 자각한 후에 그래도 그 나름대로 즐겁다고 결론을 내린다면 그런대로 상관없습니다. 그러나 지금은 유례없는 고령화 사회가 되었고, 홀로 사는 고령자는 계속 늘어나고 있지요. 이에 따른 간호나 복지의 문제도 심각해지고 있습니다. 이 같은 사회문제를 뒤로 미뤄두고 부모가 상업주의에 무비판적으로 대응한다면 아이들은 부모의 태도에 아무런 의문도 가지지 않게 될 것입니다. 그리고 우리는 조만간 망국이라는 엄청난 결과를 맞이할 수밖에 없겠지요.

우선 가정이라는 공간에서부터 자녀의 자율성을 기르는데 앞장서지 않는다면 책임감 있는 어른으로 성장하기를 바랄 수는 없을 겁니다. 부모가 자기의 내적 규범을 추구하기 위해 고민하면서, 보다 나은 행동을 모색해가는 모습을 보여준다면 아이들이 자율적인 인간으로 성장할 가능성은 보다 높아지겠죠.

그렇다면 학교현장에서는 어떻게 자율성을 가르쳐 나가야 할까요.

이 역시 교사가 솔선해서 자율적인 행동을 몸소 실천할 필요가 있습니다. 학생들에게 '자율적인 자립'을 실제로 보여줌으로써, 아이들의 마음속에 일정한 내적규범을 기르게 하는 관계를 의식적으로 실천해가는 것이지요.

교사를 넘어서 학교 전체의 대처 방법에 대해서는 앞에서도 서술했지만, 열린 학교를 만들어 가는 것이 중요하겠습니다. 종합적인 학습을 위해 지역의 어르신들에게 전쟁체험을 듣는다거나, 지역주민 전통악기연주회에 참석하는 등, 일부 학교에서는 이미 여러 가지 방법을 시도하고 있는 것 같습니다. 이처럼 학교를 쌍방향으로 개방함으로써 기대할 수 있는 효과는 우선 외부의 시선이 학교 구석구석까지 미치게 할 수 있다는 점, 다음은 학교현장 스스로 자정작용이 가능해진다는 점, 마지막으로 학교 자체가 자율적인 교육기능을 수행할 수 있다는 점 등을 들 수 있습니다.

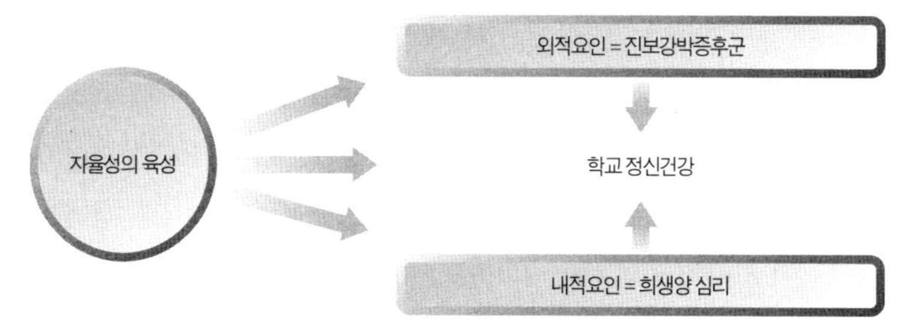

▶ 현대 사회병리와 극복 방법

현재 일본은 정치·경제의 혼란과 침체를 극복하지 못해 국가적 기반이 약화되고 있는 상황입니다. 사회 전체가 멜트다운(meltdown) 즉 용해되기 시작했고, 윤리의 개념은 갈수록 희박해지고 있지요. 거의 '윤리의 반부패 상태'라고 해도 좋을 정도입니다. 진정한 의미의 자립은 집단규범을 몸에 익힌 후, 자기책임을 갖고 행동하는 능력이 있을 때에만 가능합니다. 이것이 바로 자율적인 자립이지요. 그러기 위해서는 공교육은 윤리와 집단규범을 학생들에게 제대로 교육해야만 합니다.

결국 진정한 어른이란 자율적인 자립을 이룬 인간을 의미합니다. 그러한 어른이 학교 안팎에서 꾸준한 노력을 계속해간다면 지금까지 이 책에서 논의한 것처럼 교사와 아이들의 정신건강도 개선될 수 있지 않을까요? 따돌림, 등교거부, 학교폭력 같이 아이들이 가진 여러 문제들과, 그리고 교사들의 마음건강에 관련된 복잡한 문제들이 조금씩이나마 변화의 조짐을 보여주기를 기대해 봅니다.

각설하고, 이제는 우리 어른들이 나서지 않으면 안된다고 생각합니다. 정신이 혼미해질 정도로 절망적인 상황이지만, 그래도 계속 앞으로 나아갈 수밖에 없죠. 이것이 학교의 문화로 뿌리내리고, 학교현장에서 다시 사회로 뻗어나가기를 바라 마지않습니다. 동시에 교사뿐만이 아니라 학부모, 지역주민, 사회의 일반인들, 그리고 매스미디어가 각자의 영역에서 '윤리의 반부패 상태'라는 오늘날의 세태를 점진적으로나마 바꾸어 나가는 일에 책임을 통감하고 이를 실천할 적극적인 자각을 가져야 합니다. 이것을 명심하고 실천으로 옮겨야 할 때입니다. 학교에만, 또는 교사에게만 모든 책무를 강요한다면 공교육은 쇠락의 길로 치달을 수밖에 없을 테니까요.

‖ 후기 ‖

이 책을 집필하게 된 계기는 내가 쓴 칼럼을 본 코분도(弘文堂)출판사의 편집부로부터 교사들의 정신건강에 대해서 책을 한번 써보지 않겠냐는 권유를 받았기 때문이다. 지금까지 몇 권의 졸저를 출판한 적은 있지만, 단행본을 써본 경험은 없었던 까닭에 조금 망설여졌다. 그럼에도 불구하고 일단 한번 써봐야겠다는 구상을 막 시작할 무렵, 업무상의 이유로 정신없이 바쁜 나날을 보내게 되었다. 당연히 집필에 몰두할 시간적 여유가 없었고, 계획은 일단 뒤로 미뤄지게 되었다.

하지만 그로부터 반년 가까이 지나, 담당 편집자의 간곡한 설득에 못 이겨 책상 앞에 앉은 지 6개월 남짓해 가까스로 이 책은 세상의 빛을 보게 되었다.

나 자신도 오랫동안 진료와 정신보건활동에 종사하면서 단편적으로 원고를 정리하거나 강연에 나가거나 했던 자료들을 모아 정리해보고 싶다는 마음이 있었다. 또한 2001년에 일본학교정신건강학회의 대회를 주최했을 당시의 강연 취지를 부연해서 활자화해보고 싶다는 생각도 내심 가지고 있었다. 게다가 여러 해 동안 의문이었던 '왜 학교정신건강은 시간이 가도 좀처럼 개선되지 않는가?'라는 질문을 세상에 던져보고 싶기도 했다.

그런 나의 생각들이 이 책에 얼마나 잘 정리되었는지에 대해서는 솔직히 염려스러운 부분이 있다. 또한 이 책의 기술은 진단학이나 치료학과 같은 협의적인 정신의학의 관점에서 보면 애매한 부분이 적지 않으리라고 생각한다. 변명 같지만, 이 책에서 다룬 주제들은 그런 관점으로는 설명하기 어려운 다방면에 걸친 어려운 문제들이 내포되어 있는 것도 그 이유 중의 하나일 것이다. 학교현장에서 고민하고 있는 선생님들, 공교육의 앞날을 걱정하고 계시는 교육관계자 분들과 일반 독자여러분들이 이 책을 읽고 조금이나마 느끼시는 바가 있다면 나는 그것으로 만족한다.

마지막으로 이 책의 기획에서부터 발간까지 많은 수고를 해주신 코분도출판사를 비롯한 관계자 여러분들에게 진심으로 감사드린다. 또한 교사들의 정신건강에 대해서 함께 의논하고 집필에 도움을 주신 선·후배 모두에게도 깊은 감사의 뜻을 전하고 싶다.

2003년 6월 저자

‖ 역자 후기 ‖

글로벌교육기관 바르키 젬스 재단(VARKY GEMS FOUNDATION)이 OECD 21개국을 대상으로 실시한 '교사위상지수(Teacher Status Index 2013)' 보고서에 따르면 한국 교사의 위상은 중국, 그리스, 터키에 이어 4위를 차지했다. 또한 교사의 1인당 평균 연봉에서 한국은 4만 3,874달러로 싱가포르, 미국에 이어 세 번째로 높았다. 그러나 안타깝게도 교육시스템과 교사에 대한 신뢰도 면에서는 19위로 최하위 수준이었다. 한국사회에서 교육시스템과 교사에 대한 국민들의 신뢰도는 날이 갈수록 추락하고 있다. 이에 반해, 아이러니하게도 교사를 희망하는 학생들은 전혀 줄기는커녕 오히려 증가하는 추세이다. 그 이유는 다름 아닌 교사라는 직업이 가진 안정성 때문이다. 다시 말해 교직을 희망하는 것은 교직이 존경받는 성직이어서가 아니고 사상 초유의 취업난에 정년이 보장되는 몇 안 되는 안정적 직장 중 하나이기 때문이다. 이러한 인식에 있어서는 학부모나 학생이 크게 다르지 않다.

역자는 교사를 지망하는 학생들을 가르치는 교육자이다. 교사지망생들 대부분은 일반 대학생들에 비해 품행이 단정하고 학업능력 면에서도 매우 우수하다. 지역별 · 학교별 차이는 존재하겠지만 전교에서 한 자리 등수에 들지 않으면 서울에 있는 사범대학에 진학할 수 없다고 하니, 그들의 수학능력은 입학 때부터 일정 부분은 검증된 것이라고 할 수 있다. 그러나 모두가 주지하는 바와 같이 사대입학이 곧 교사가 되는 것을 의미하지는 않는다. 실제로 교사가 되기 위해서는 새로 추가된 인성면접을 비롯해 한국사능력시험과 같은 크고 작은 능력시험에 통과해야 한다. 어디 그뿐인가. 하늘의 별따기라는 임용고시 합격을 위해 각고의 시간을 견뎌내야만 비로소 교사라는 직업에 입성할 수 있다. 사정이 이러하니 교사가 되려면 '공부의 신'이 되어야 한다는 우스갯소리가 공공연하게 회자될 정도이다.

이런 의미에서 오늘날 학교 현장의 교사들은 한때 모두 '공부의 신'들이었다. 그렇다면 왜 '공부의 신'들은 오늘날 위기에 처한 우리의 교육을 왜 구하지 못하는가? 많은 이들이 그것은 교사의 자질 부족 때문이라고 지적한다. '공부의 신'들이 교사가 되기에 부적격자일 수 있다는 논리이다. 물론 공부를 잘한다는 것은 교사의 필요조건은 될 수 있어도 충분조건은 아닐 것이다. 그리고 학업 이외의 면에서 그들의 자질이 부족할 수도 있다. 그렇다 하더라도 대한민국의 최상위 학생들을 선발해 놓은 사범대학들이 '공부의 신'들인 학생들에게 교사로서의 자질을 함양해주지 못했다면 우리나라 교원양성제도에 문제가 있다고밖에 할 수 없다.

사견이긴 하지만 우리나라 교원양성교육은 똑똑한 교사를 양성하는데 너무 치중하고 있다는 생각이 든다. 학력(學力)이 너무 높은 교사는 대부분의 그렇지 않은 학생들을 이해하고 지도하는 데 정서적 어려움을 겪을 수도 있다. 이런 면에서 좋은 교육은 똑똑한 교사가 하는 것이 아니고 훌륭한 교사가 하는 것이다. 훌륭한 교사는 많이 아는 교사가 아니라 잘 가르치는 교사이다. 잘 가르치는 교사는 학생들과 깊은 교감이 있어야 가능하다. 깊은 교감은 학생들의 삶에 대한 교사의 깊은 관심과 애정이 전제되어야 함은 두말할 필요가 없다. 어느 시대나 그렇듯 학생들에게 더 좋은 교사는 머리로 행동하기보다는 가슴으로 행동한다. 좋은 교사의 가슴 속에는 늘 학생들이 자리하고 있는 것이다.

그런데 오늘날 학교 현장은 교사가 학생들에게 집중할 수 없는 구조로 변질되어 가는 느낌이다. 수업과 학생지도는 기본이고 일반 회사와 별반 차이가 없을 정도의 엄청난 문서업무에 갖가지 보여주기식 행사진행, 그리고 최근 도입된 다양한 평가방식에 의한 부담 등은 교사들을 이중 삼중고에 시달리게 하고 있다. 그런 그들을 더욱 불안하게 만드는 것은 한때는 모범생의 전형이었던 그들이 이제는 아무리 고군분투해도 사회구조적으로 존경은커녕, 언제든지 질타의 대상으로 전락할 수 있다는 사실이다. 교사가 되는 과정에서 그들은 자신에 대한 주위의 좋은 평가와 인정 속에 성장해왔다고 해도 과언이 아니다. 그런 그들이기에 평가라는 잣대에 누구보다 민감하게 반응하지 않을 수 없는 것이다. 경우에 따라서 교사에 대한 평가는 그들을 병들게 할 수도, 위대한 선생으로 성장시킬 수도 있는 양날의 칼이므로 신중에 신중을 기해야 함을 잊지 말아야 한다.

일본의 TV드라마 중에는 학교 현장을 다룬 학원물이 적지 않다. 놀라운 점은 학교에서 생기는 크고 작은 일들에 지역사회를 포함해 학부모들이 강력한 영향력을 행사하는 모습이다. 학교 폭력과 같은 사태가 발생하여 교육위원회가 열리기라도 하면 교사들이 학부모와 지역사회를 향해 연신 고개를 숙이며 죄인처럼 사죄하는 모습을 심심치 않게 볼 수 있다. 아무리 픽션을 다룬 드라마라 할지라도 교직에 종사하는 한 사람으로서 이런 장면을 대하고 있자면 만감이 교차한다. '스승의 그림자도 밟지 않는다'는 말까지는 아니더라도 이런 장면에서 교사의 권위나 교육의 자율권은 거의 찾아볼 수 없다. 물론 학교가 기존의 폐쇄성을 벗어나 지역사회나 학부모들과 긴밀히 협조하면서 열린 공간으로 거듭나야 한다는 것은 21세기 교육의 방향성이라는 면에서 모두가 공감하는 바이다. 그러나 명심해야 할 것은 열린 학교를 통한 학부모와 지역사회의 교육 참여가 교육의 자율권을 훼손하고 교사를 관리 · 감독하는 쪽으로 변질되어서는 안 된다고 생각한다. 왜냐하면 이러한 교권의 실추로 인한 교육의 몰락은 우리의 자식들과 학생들에게 부메랑처럼 되돌아오기 때문이다. 나는 이처럼 끝을 모르고 추락하는 일본 교사들의 위상을 지켜보면서 부디 우리나라에서만은 이렇게까지 되지 않기를 간절히 바랄 뿐이다. 그러나 안타깝게도 점점 우리의 교육현실이 일본과 닮아가고 있다는 우려를 지울 수가 없다.

그 걱정스러운 일례로 교육부가 새로 도입한 '교원업적평가'를 들 수 있다. '교원업적평가'를 '근평'과 '다면평가'로 이원화한 체제이다. 이 중 '근평'의 비중은 60%, '다면평가'의 비중은 40%이다. '근평' 의 평가방식은 교장과 교감의 정성평가에 의해 이루어지므로 학교관리자의 영향력이 클 수밖에 없는 구조다. 그러므로 교사들은 승진과 개인성과급을 위해 관리자들의 눈치를 볼 수밖에 없다. 이러한 시스템은 자신의 교육철학 실천을 위해 실패를 두려워하지 않고 다양한 시도를 거듭하는 열정적인 교사보다 윗사람의 지시에 순종하고, 문제의 소지가 있는 사안은 애초부터 시도조차 하지 않는 수동적이고 자기방어적 교사를 양산하는 결과를 가져올 수 있다는 사실에 유의해야 한다.

게다가 다면평가는 다면평가관리위원회(다면평가위)가 담당하며 정성평가가 42%, 정량평가 8%이다. 다면평가위에는 외부위원이 50% 이상 포함되며, 전문위원이나 학부모위원들로 구성된 외부위원의 인선은 교장에 의해 이루어진다. 한국의 교사평가시스템 역시 일본처럼 지역사회나 학부모의 영향력이 증대되어 가고 있다고 볼 수 있다. 이는 시장경제체제에서 학교 역시 업적으로 평가받는 일종의 기업 시스템으로 전환되어가는 것을 의미한다. 오늘날 학교기업의 사원이 되어버린 교사들에게 천직에 대한 사명감을 기대하는 것은 어쩌면 무리일지도 모른다. 이제 학교가 지역사회와 학부모의 관리 · 감독하에 놓임으로써 그로 인한 교사들의 스트레스 강도는 더욱 높아질 수밖에 없을 것이고 그로 인해 일본에서처럼 '마음의 병'을 앓는 교사가 증가할 수도 있다. 따라서 교원에 대한 평가는 교사들의 성장과 발전을 위한 것이라는 원칙이 반드시 지켜져야 하고, 그 성장과 발전의 방향은 오로지 학생을 향해 있어야 함을 명심해야 한다.

교육은 교사의 질을 뛰어넘을 수 없으며 교사가 무너지면 교육이 무너진다. 대한민국 교육의 붕괴를 막기 위해 이웃나라 일본의 상황을 타산지석으로 삼아 정부는 일선 교사들의 '마음 건강'에 대한 충분한 대책을 미리 강구하는 것이 무엇보다 시급하다고 생각된다. 현재 우리나라 교사들의 지적 자질은 지금도 차고 넘친다. 이들에게 정말 필요한 것은 교사로서의 책무와 사명감이다. 교원양성기관은 이를 육성하기 위해 최선을 다해야 할 것이고 정부와 지역사회는 교사들이 학생 교육에 집중할 수 있는 교육풍토를 조성해주어야 할 것이다. 그러기 위한 첫걸음으로 교사의 '마음 건강'에 대한 국민적 관심이 형성되기를 바라마지않는다. 심신이 건강한 교사야말로 건강한 교육의 시발점이기 때문이다. 교육자의 한 사람으로, 부모의 한 사람으로, 모쪼록 대한민국 교육의 목표와 체계가 좀 더 건강하게 거듭나는 데 부족하지만 이 책이 보탬이 될 수 있기를 간절히 기원해 본다.

역자 신현정

지은이

나카지마 가즈노리(中島一憲)

도쿄도 교직원공제회 산라쿠병원(三樂病院) 신경정신과 부장
WHO는 건강의 개념을 '단순히 병에 걸리지 않은 상태가 아니라 신체적·정신적·사회적으로 양호한 상태'라고 규정하고 있다. 이처럼 오늘날에는 사회적 건강의 중요성이 갈수록 중시되고 있다. 특히 교사는 다양한 형태의 인간관계를 맺어야 하는 대표적인 직종이다.
학교교육이 건전하게 기능하기 위해서는 교사 스스로가 사회적 건강을 유지하는 것이 필수적이다. 이 책에서는 '교육의 위기'가 사회 문제로 대두되는 오늘날, 그 실태와 그 '처방전'을 교사의 정신건강이라는 관점에서 논하고자 한다.

옮긴이

신현정

한국외국어대학교 일본어과를 졸업하고, 고려대학교 교육학과에서 석사학위와 박사학위를 취득했다. 현재 진로교육전문가로 활동하며 한국진로진학연구회 부회장, 한국생활상담협회 대회협력위원장, 한국일본교육학회 총무이사직 등을 맡고 있다. 고려대 강사와 일본 가나가와 치과대학 교수를 거쳐 현재는 중부대학교 교수로 재직 중이다.
저서로는 『일본어능력시험의 달인이 되는 법』, 『간바레 일본어능력시험』, 『파트별 파워풀 일본어 단어장』 등이 있으며, 역서로는 『기적의 대학 – 국제교양대학은 어떻게 인재를 키워내는가』, 『F4 선언 일기(성공하는 사람들의 영어습관)』, 『샐러드 기념일』, 『친구지옥』, 『악마의 연애술』 등이 있다.

선생이 부서져간다

초판 1쇄 발행 2016년 10월 14일

지 은 이 나카지마 가즈노리(中島一憲)
옮 긴 이 신현정
펴 낸 이 최종숙
펴 낸 곳 글누림출판사

책임편집 박지인
디 자 인 안혜진
편 집 이홍주 이태곤 문선희 권분옥 최용환 홍혜정 고나희
마 케 팅 박태훈 안현진

주 소 서울시 서초구 동광로 46길 6-6(반포4동 577-25) 문창빌딩 2층(06589)
전 화 02-3409-2059(대표), 2058(영업), 2060(편집)
팩 스 02-3409-2059
전자메일 nurim3888@hanmail.net
홈페이지 www.geulnurim.co.kr
등록번호 제303-2005-000038호(2005. 10. 5)

정가 13,000원
ISBN 978-89-6327-349-5 03370

출력·인쇄·성환C&P 제책·동신제책사

*잘못된 책은 바꿔 드립니다.
*이 도서의 국립중앙도서관 출판예정도서목록(CIP)은 서지정보유통지원시스템 홈페이지(http://seoji.nl.go.kr)와 국가자료공동목록시스템(http://www.nl.go.kr/kolisnet)에서 이용하실 수 있습니다.(CIP제어번호: CIP2016021552)